南宋書房
NANSONGBOOKS

何为生活，何以为美？

前言

提起宋朝，绝大多数的人都有一个共识，那就是宋朝是一个重文轻武的朝代，是一个以“不杀士大夫及上书言事者”为祖训的朝代。正因为宋代的统治者对文人墨客的特别推崇和厚待，才使得文学艺术在宋代达到了空前的繁荣。甚至有人说，宋代是“中国的第一次文艺复兴”。这样的说法自然不为过，毕竟以现代的眼光来看，文人墨客生活在宋代相对自由很多，朝野内外崇文尚艺的风气盛行，无论在地位还是声誉上，都比武官更受人尊重。

在这样的背景下，宋代的文人可以更加自由地创作。因此无论是诗还是词，在宋代都达到了非常高的水平。尤其是宋词，更成为宋朝文化繁荣的代表。对于宋代的词人来说，什么样的题材都可以写，有了更强的表达性。而另外一样展现宋代文艺繁荣的就是宋画，如今，宋画成为全球收藏家爱不释手的艺术品，成为审美的风向标。宋词与宋画被视作宋代文化的两座高峰。

宋画有多美？宋代不像汉代“明犯强汉者，虽远必诛”那样霸气强悍；也不像唐代“九天阊阖开宫殿，万国衣冠拜冕旒”那样宏伟绚烂，更不似清代“天下兴亡，匹夫有责”般壮烈豪迈。宋画的美像《妆靓仕女图》，淡雅精致；像《烟寺松风图》，雄壮恢宏；像《骷髅幻戏图》，含蓄深刻。

国学大师陈寅恪先生曾说：“华夏民族之文化，历数千载之演进，造极于赵宋之世。”在中国的美术史上宋代可谓群星闪耀，不仅有宋徽宗赵佶这样杰出的画家，还有以一张《千里江山图》名垂千古的天才少年王希孟、《清明上河图》的绘者张择端，还有从“强盗”逆袭的萧照、开辟了南宋画坛的李唐等。

宋画有多妙？如果说正史以宏观广阔的视角记载着朝代的政治外交、经济文化，那么宋画里展现出的就是正史遗漏的秘史。或许，真正让我们认识一个时代，理解一段历史，恰恰是这些看似不值一提的小事：我们可以从《撵茶图》中，了解到宋朝茶道那些事儿；从《秋山红树图》中，了解到宋朝的达官贵人如何炫富；从《货郎图》里可以看到宋人的“购物车”中都有什么物件；从《双喜图》中能够探得一桩北宋

宫廷的传闻……

靖康之变成为宋代之殇，更成为宋代众多画家心中永远的痛。因此“南渡北归”就成为南宋初期较为普遍的创作题材。《藏在宋画里的两宋史》系列丛书，共收录了 160 幅宋画，在本册几十幅画作中，我们将画家分作三类：第一类是以宋室南渡和克复中原为主要题材的爱国画家，他们大多生于北宋，成长在北宋末期，最后终于南宋。他们经历了靖康之变，遭遇了人生的重大变故。“国土沦丧”这根刺，无时无刻不在提醒他们兴亡之剧变。他们创作了大量借古讽今、以图兴复之画，又或者是面对南宋的懦弱，胸中沉郁难抒之作。第二类是以花鸟工笔或者山林野趣为主要题材的画家，刻画南宋稳定后的安逸生活。在接受了分裂与割据的事实以后，不妄兴刀兵和以财求和成为主流思想，这时的南宋文人、画家逐渐对兴复两河感到失望，在日复一日的暖风中，转向内心欲望的表达。第三类则是以苏汉臣为代表的民俗画画家，他们聚焦于民俗民生，对身边事更为关心，这类画作大多以细腻真实著称，为后世留下了大量的文化和艺术资料，是绘

画史中一个特殊的分支。

宋画像是老照片，以其独特的艺术形式，折射出宋朝人的世界观、价值观、人生观和宗教观。以图证宋史，把宋画作为有价值的历史文献，在其中能够寻找到大宋文明的沧海遗珠，从而再现宋朝民众的生活百态。

宋画追求逼真的视觉效果，重写实、工写真，同时也融合了五代以来文人画表达诗意的思想，有技法的创新和对画面布局的经营。宋画与其时代一样，处于变革之中，起到了承上启下的作用。

本系列丛书语言风格活泼自然、幽默风趣，或以历史故事开头，或从画中的事物展开娓娓叙说。作者们以不同的视角分享着宋画中能够观看的历史——或是故事，或是对话，或是结合图画重现了一份本属于宋人的精神世界，又或是讲述宋画中有趣的历史发现。希望读者能够以宋画为镜，从前人的经历中汲取养分，以便站在前人的肩膀上看得更远。

目录

刘松年　三朝宫廷画师

002　《撵茶图》宋朝茶道那些事儿

005　《蚕事图》蚕事知多少

011　《罗汉图》“汉传佛教”的本土化发展

017　《四景山水图》带你体验宋人笔下的杭州四季

025　《中兴四将图》最不能打的反而最嚣张

030　《便桥图》中的民族意识与家国情怀

034　《博古图》考古博古，傻傻分不清楚

041 《补衲图》衣破帽破佛法不破

李唐 中国历史上唯一一个收“强盗”为徒的画家

046 《万壑松风图》覆巢之下焉有完卵

057 《秋江待渡图》南渡逃亡路，前路未可知

063 《清溪渔隐图》烟村雨滩归自然

068 《采薇图》感受画家借古讽今的良苦用心

073 《晋文公复国图》王朝复兴的绝佳范例

077 《灸艾图》乱世之中小人物的坚守

萧照 “强盗”的逆袭

085 《山腰楼观图》道门宗师林灵素的千古是非

091 《秋山红树图》看宋朝的达官贵人如何炫富

097 《中兴瑞应图》“中兴圣主”的祥瑞之兆

李嵩 三朝老画师

104 《货郎图》宋人的“购物车”里有什么

110 《骷髅幻戏图》傀儡绎生死

114 《观灯图》商人的“狂欢节”，古代的“情人节”

119 《听阮图》秦琵琶的起源与消失

124 《赤壁图》苏轼与乌台诗案

130 《龙骨车图》龙骨车的构造及使用

136 《明皇斗鸡图》玩物丧志？不，玩物丧国！

马远　残山剩水的独特画风

142 《踏歌图》雅与俗的双重意境

148 《水图》画水的教科书作品

152 《秋江渔隐图》窥见画家的处世哲学

157 《林和靖探梅图》携鹤赏梅的林逋

夏圭　特色的半边之景画家

163 《钱塘观潮图》钱王射潮的传说

168 《西湖柳艇图》跟着宋人游西湖

173 《雪堂客话图》露其要处而隐其全

177 《灞桥风雪图》灞桥风雪骑驴客

崔白　北宋画坛革新主将

183 《双喜图》名不副实的悲伤故事

189 《寒雀图》宋代花鸟画的绝技

194 《竹鸥图》师古不泥古，创新不创奇

苏汉臣　最震撼人心的工笔画大师

201 《秋庭戏婴图》带你领略宋人的幸福童年

205 《五瑞图》傩戏——宋代的“娱神之舞”

208 《侲童傀儡图》宋代五种傀儡戏

213 《妆靓仕女图》宋代女子流行的“细眉淡妆”

意

刘松年
三朝宫廷画师

《撵茶图》宋朝茶道那些事儿

2013 年 12 月，有一部电影上映，名叫《寻访千利休》。这部电影以倒叙手法讲述了日本一代茶圣千利休的精彩一生。在影片中，

通过千利休的多场茶道表演，我们感受到了日本茶道的美妙之处。

日本茶道分抹茶与煎茶两个大系，千利休所秉承的，属于抹茶体系。而抹茶茶道体系，在唐宋时达到了顶峰。

茶，是中国传统饮品。中国的饮茶起源已不可追踪，史料记载甚至可以追溯到神农时代。在中国的各种文学作品中，也都出现过茶的身影。到了唐代，陆羽《茶经》的问世，让中国茶的地位达到了新的高度。陆羽的《茶经》几乎记录了当时所有关于茶的内容，可谓是“茶的全书”。而到了宋代，虽然国家军事实力不行——出则四处碰壁，内则防务松弛，领土问题也成为宋代作为正统王朝最致命的问题。但是人家经济行啊，按 GDP（国内生产总值）排名可能一度是全球领先的水平。当国家经济繁荣，人们闲来无事的时候就开始找乐子，所以宋代勾栏瓦肆、青楼、酒楼一应俱全。那么，俗的有了，雅的在哪儿呢？虽然有柳永“且恁偎红倚翠，风流事，平生畅”，但也不能人人都是柳永，天天“醉花阴”啊。于是，宋代的士大夫在饮茶之余，发展了唐代一种“茶戏”——斗茶。

尽管斗茶的具体玩法现在已经很难考证，但现代人的饮茶习惯已经与唐宋时人完全不同了。现代人的饮茶习惯，比如冲泡茶，起始于明代。而由于饮茶习惯的改变，“饮茶”这个过程中的重要道具——茶具，也出现了变化，或者说是“简化”。

宋代的茶具沿袭了唐代传统，北宋蔡襄统计大致分为九种：茶焙、茶笼、砧椎、茶钤、茶碾、茶罗、茶盏、茶匙、汤瓶。而到了南宋，一位托名“审安老人”的画家绘制了一幅《茶具图赞》，以白描手法绘制了十二幅茶具图赞，并为每种茶具起了个名称，称作“先生”。这十二种茶具比之蔡襄的九种还多了三种。刘松年这幅《撵茶图》，画的就是“撵茶”这一过程，也叫“磨茶”。侍者用茶磨将烘焙好的茶饼碾成小块甚至是茶末，将磨好的茶末进行收集，放置于茶罗之中，由另一张桌旁站着的侍者执行点茶。他要先从大水瓶中取水，把水放入提梁壶里，在风炉上加热来煮水，当水热至稍微沸腾时，倒在茶瓶里。这里都是点茶的准备工作，随后便进入实际的点茶，或者说斗茶阶段了：把提前准备好的茶末放到茶盏里，然后以热汤嫩水，也就是将刚才那稍微沸腾之水加注。可以先少量加水，将茶末与水调和成胶状茶膏，再拿茶筅用力点拂（点拂手法可以参看日本茶道制作抹茶的方式），边注水边点拂，直到茶面细乳如云雾汹涌，在茶盏周围回旋不动，可称为“咬盏”。至于如何评判好坏：第一是汤色，纯白最佳，青、灰、黄白皆次之；第二是看汤面上的泡沫，称为“汤花”，标准即色泽和水痕出现的时间，能“咬盏”者为上。据说，点拂中加水这个过程，技艺精湛的可以加注七次水。是不是没想到，宋代人喝个茶也这么讲究？

这幅《撵茶图》中的三人分别是“草圣”怀素，学士钱起、戴叔伦。怀素正欲起笔，而钱起、戴叔伦二人，一位对坐端详，另一位双手持握卷轴，眼睛却看向高僧，似在欣赏高僧作书，旁有小仆执壶注茶，一切都显得井然有序，怡然安静。而图中的“草圣”怀素，虽欲新作，却面色和祥，淡定从容，应是胸有成竹，自信满溢。刘松年的这幅《撵茶图》充分展示了古代文人雅集挥毫的生动场面，再现了两宋流行的点茶技艺。

1987 年，陕西省宝鸡市法门寺地宫出土了一套七件的唐代皇家金银茶器，为考证、探究我国古代茶文化提供了有力的实物证据。如果你也对中式茶感兴趣，对中式茶具、茶戏感兴趣，那么法门寺的这套茶具，也许能为你揭开更多关于中式茶的秘密。

《蚕事图》蚕事知多少

“国之大事，在祀与戎”，祭祀和军事历来为中国执政者所重视，军事自不必说，而祭祀则是对那些人力无法控制的事情所做的“信仰活动”，是从另一个侧面对国家政权进行的巩固措施。

中国的祭祀传统，随着王朝的更迭，变得越来越复杂。商人尚鬼，周人畏天敬祖，汉代泰山封禅，到了清代，看看北京城里各处神坛的设置，就有个大略的印象了：除了满族传统的“堂子”，紫禁城旁的太庙，还有中原王朝所祭拜的天坛、地坛、日坛、月坛，分别祭祀天、地、日、月；天坛旁边的先农坛，祭的是先农神；紫禁城旁的社稷坛，祭祀社神和稷神等。不过，仔细看看，上述这些祭祀，都由皇帝或大臣担任主祭官，都是男性。那在这样的传统中，有没有女性的身影呢？有的，那就是位于北京北海公园内的先蚕坛，祭祀的是蚕神，在古代由皇后带领后宫嫔妃进行祭祀。

作为养蚕第一人，嫘祖用蚕丝织衣，使人们摆脱了衣不蔽体的情况。从汉代开始，嫘祖便成为官方钦定的“蚕神”，每年受皇后躬亲祭祀。祭祀蚕神的典礼称为“亲蚕礼”，据《周礼》记载，亲蚕礼每年春天于北郊举行，起蚕坛，皇后着黄罗鞠衣，代表天下女性向蚕神祈祷，保佑家和丰收。不过，最初宋代的蚕坛筑于东郊，效仿的是汉代的东郊蚕坛，取“桑生于春”之意。到了宋神宗元丰年间，有司又请筑坛北郊，依旧遵《周礼》之法而行。这光有坛不能没有室啊，要不这些蚕宝宝露天摆放，还不得都晒成蚕干？所以在蚕坛周边建了二十七座蚕室。另外，种桑林于蚕坛以南，便于采摘。

《蚕事图》传为南宋刘松年所作，之所以存疑，是因为这幅图画风与元人所画《四孝图》相似。但画中对人物、屋宇、炉灶、炕席、器用等细节的刻画，与所绘造型都有刘松年绘画的风格。

《宋史·礼制》中对亲蚕礼的记载十分复杂，但是细细读来，除了对于祭礼站位的描述十分详细之外，亲蚕礼最重要的两条“亲桑”“亲蚕”反而简洁易懂。所谓“亲桑”，是指皇后带领皇家命妇在蚕坛南方的桑林处，取下三条桑叶放到箱中，称为“受钩采桑”。钩取桑叶的数量也有着严格的规定：皇后采三条，命妇无论内外，一品各采五条，二、三品各采九条。所谓“亲蚕”，则是皇后率领一众命妇，前往亲蚕殿亲自喂蚕母吃桑叶，称为“桑授蚕母”，其后命妇各自喂食。待都完成，整个仪式便结束了，便可以回宫了。说起来，这个典礼并不复杂，但是作为皇家典礼，实际操作起来，可能需要耗费一天甚至两天的时间，烦冗程度不下于皇帝的亲耕礼。

到了民间，尽管祭蚕依旧十分重要，但还是简化了许多。民间祭祀与皇家典礼最大的不同，可能就表现在祭祀对象上。上面我们说，嫘祖作为官方钦定的“蚕神”，享受着皇家的祭拜。但是在古代，皇家的神仙到了民间老百姓那里可能并不受重视，或许也只有门神爷“秦琼”“尉迟恭”能做到“上下通吃”。实际上民间的门神还有“神荼郁垒”“马超赵云”等。“蚕神”也是一样，民间的“蚕神”有过多位，最原始的称为“天驷”，隶属于二十八星宿里的房宿。实际上房宿是主马的星宿，但是古人认为蚕马同气，理由是蚕头像马首，祭马就是祭蚕，所以把主马的房宿也当作蚕神对待。这个说法，

从先秦一直流传到清代，且被记录在册，可见这个说法的流传之广。

另外，拥有“蚕神”这个花名的，还有菀窳妇人、寓氏公主，从汉代卫宏的《汉官旧仪》到晋代干宝的《搜神记》、南朝宋范晔的《后汉书》，都视这两位女子为“蚕神”。不过，根据记载推测，她们二位的“法力”可能仅限于现在的山东地区，属于蚕神界的“封疆大吏”。另外一位“封疆大吏”，则是被李白写进诗里的“蚕丛”。李白的《蜀道难》有言：“蚕丛及鱼凫，开国何茫然。”历来人们都认为“蚕丛”和“鱼凫”是古蜀地区部落的两位首领，生存技能就是养蚕和捕鱼。不过，随着现代考古发掘的进行，我们已经逐渐得知，“蚕丛及鱼凫”不仅是以技能命名这么简单，甚至“蚕丛”这个名字本身就已经有了讹化，或许本来应该称为“蟾丛”才对，但是这些，就是另外的故事了。

最后一位“封疆大吏”——马头娘，又称马明王、马鸣王菩萨、马明菩萨等，掌管着东南沿海地区的蚕业大权。“马头娘”本身的故事略恐怖，但影响却很广泛。除了干宝《搜神记》中的故事直接影响了蜀中的祭祀习俗以外，在东南沿海的浙江义乌地区，关于“马明王”的歌谣依旧流传着。在浙江湖州地区，更是有《马鸣王赞》这样的叙事诗出现，充分印证了“马头娘”在东南地区的影响力。

不过，这么看来，在我国的广阔河山中，掌管着蚕业的神仙各司其职：东方偏北有菀窳妇人、寓氏公主；偏南有马头娘；西方则有西南地区的蚕丛国王；中部则最开始有天驷，后来有钦定的嫘祖；至于西北嘛，或许因为少雨缺水，不适合种桑养蚕，所以神仙也不愿意做这份无用功吧。

“男耕女织”是中国封建社会中的生产分工。男子下地劳动，即所谓“田下之力”。女子则在家中进行纺织劳作。作为衣食住行中最重要的两项劳动，“耕织”就代表了古代劳动的基本产业。在这些纺织原料中，传统服饰所使用的棉、麻等皆出自植物，平价易得。而蚕丝，出于蚕茧，经过复杂的工艺织造，变成一身华美的服装，成为中国古代纺织品中独特的存在，与瓷器一样，成为中国在世界的代名词。

《罗汉图》“汉传佛教”的本土化发展

提起宋朝的宗教思想，人们都会想到著名的“教主道君皇帝”宋徽宗。他崇奉道教，尤其信任那个叫林灵素的道士。可以说，他在一定程度上将道教彻底地推广开来。不过，许多人不知道的是，在宋代，和道教“较量”了上百年的佛教，依然有着不可忽视的影响力。

起源于古印度的佛教，在中国的传播与发展是一个非常漫长且波折的过程。教科书上说，佛教是通过丝绸之路，在汉明帝时期传入中国的。据说，汉明帝在一天夜里做梦，梦到有天人在殿前飞绕盘旋，全身散发着金光。次日，汉明帝问诸臣，大臣傅毅说：“听说西方有得道者，称为‘佛’，想必这就是了！”于是汉明帝派郎中蔡愔及其博士弟子前往西域求法。蔡愔到达大月氏后，抄得佛经，并于此地得遇两高僧，邀其入汉地讲经传法。二师以白马驮经，与蔡愔等共同回到洛阳。为此，汉明帝特意以第一次驮经入汉的白马为名，在洛阳修建了白马寺，这也是现在洛阳的一个著名景点。

相比“外来的和尚好念经”，中国本土的道教在东汉由张道陵创立之后，经过了多轮的洗礼和“拼杀”，最后得以在国内“信仰界”与汉传佛教分庭抗礼。

佛教在“汉传”的过程中，经历了一系列的变化与融合。佛教努力地与中国本土的入世文化“儒教”，进行着激烈的碰撞，形成了更适应中国社会的佛教，这个过程，被称为“佛教的中国化”。

何以得知呢？宋代刘松年的这幅《罗汉图》，就透露了这一变化。“罗汉”是佛教传入中国以后绘画的重要宗教题材。罗汉是佛教中得道境界三“果位”之一（此以大乘佛教为例，小乘佛教为四“果位”）“阿罗汉”的简称。另外两个“果位”则是菩萨、佛。可能是经中佛祖与菩萨给人的感觉过于庄严，在绘画与雕塑中不好发挥，因此相比于他们，佛经中更为多样、更为活泼的罗汉形象就成了艺术创作中的重点对象。

在刘松年的这幅《罗汉图》中，有一老一少两位僧侣，岁数大些的就是此图主人公——罗汉了。为什么？因为

头上有光轮，这个光轮，就是得到“果位”的象征。我们看敦煌供养人的画，佛、菩萨、罗汉皆有光轮，而他们身侧的供养人头上什么都没有。画面中岁数小些的僧侣，应该就是师从罗汉的弟子吧。罗汉手扶枯木，双眉紧蹙，目视右下方，眼神充满困惑。或许是在领悟刚才听到或者学到的佛理，沉思入定。而身侧的小僧侣显然没有师父那么高的修为，似乎并不在意。他好像更在意身边的趣事，比如从树上扔果子下来的猿猴。那些果子掉下来，他便急忙用衣服兜住，生怕掉在地上。和过去的罗汉图相比，这幅《罗汉图》中的罗汉已经脱离了怪异形象。这种形象的转变，正说明汉传佛教的本土化。

老僧庄严肃穆，小和尚活泼多动，和两位僧侣相比，图画上的小鹿和猿猴则为画面增加了一些故事性和趣味性。“猿猴献果”的故事是说佛祖在未证道修行时，苦修不已，由于难以得到定时给养，因此身形消瘦。有山中猿猴，来献鲜果，供奉佛祖，使得佛祖能够维系生命，最终得以证道。刘松年将此意象置于画面中，让画面更为生动和有趣。

这幅《罗汉图》又称《猿猴献果图》，是刘松年传世的几幅《罗汉图》中的一幅，生活气息浓郁，弱化了宗教气氛，呈现出世俗的趣味。画面中，色彩、线条的丰富变化，让这幅《罗汉图》足以成为刘松年的代表作品之一。

《四景山水图》带你体验宋人笔下的杭州四季

一年四季，春夏秋冬，我们每年都会经历这样的季节变化。春去秋来，寒来暑往，这轮回一般的变化，我们已经司空见惯。如今我们用手机、相机等设备来记录，那么古人想记录下一年四季的景色，又该如何做呢？

“四景山水”就是为记录一年季节变化而产生的绘画题材。历史上名为“四景山水”的物件很多，不光是画，还有瓷器、条屏、影壁等。绘画中最著名也是最重要的，当属刘松年绘制的这卷《四景山水图》，现藏于北京故宫博物院，绢本设色，每幅纵 40 厘米，横 69 厘米，共 4 幅。刘松年将四季分作四幅，拼在一起成为一个完整的长卷。

长卷分别描绘春夏秋冬四季中各具特色的活动场景：春之踏青、夏之纳凉、秋之观山、冬之赏雪。组合在一起，便是古人一年中最广泛的四项活动。

第一幅春日踏青，画堤边庄院环境，桃李争妍，庭前太湖石堆积层叠，花木错落其间。远山迷蒙，山柏青青，近水堤岸垂柳成荫，似有微风吹过，清凉送爽。整幅画给人以春意盎然、心情舒展之感。

再看人物，水岸有两侍者牵马自远处而来，相互交谈间向小桥走近。桥上一小童，似乎还没有玩够，在奔跑嬉闹。庭院门阶处，童仆正忙于清理担具，书匣一般的担具看起来沉甸甸的，像是随主人倦游归来的样子。庭院水阁伸向湖中，杳渺不知多远，好似“庭院深深深

几许”的大户人家，或许此处也是景中人物的郊外休憩之所。仔细观瞧，屋檐掩映下的中庭附近，似乎有人端坐于庭中悠然观景，如此美景，不知他心中会思索些什么。

第二幅夏日纳凉，画水榭凉亭，平湖碧荷。江南的夏天长且闷热，或许大家已有体会，或早有耳闻。幸而江南水多，相比之下，有绿柳环绕，水阁湖边也当比平日凉快许多。因此，南方纳凉与北方颇为不同。北方的纳凉大多是绿树之下，蒲扇一摇，伴着蝉鸣在躺

椅上就歇息了，冰镇的西瓜，搭配摇晃的树影，让正穿过头发和吹过耳朵的风都清凉了许多。相较于江南，少了水汽，也少了蛙声一片。画面中的人端坐在树荫下的阁台上，手扶躺椅，右衽白袍，幞头隆起，巾子向后，再看那纳凉的躺椅能调节靠背斜度，十分特别。一旁有小童侍立，着齐膝衣，条带束腰，脚着便鞋，远远望着平湖之色，远山点缀环绕，自有一层悠远之意。厅前凸字形露台，宽大平坦，四周以栏杆围起，平台左右设有太湖石，种桃花树，格调高雅。桃花树的枝丫，像鹿角似的向上伸展开，叶片分布在大小枝条两侧，白色花朵在枝梢盛开。

第三张秋日观山，画老树经霜，朱紫斑斓。庭院环绕以树石围墙，一老者独坐其中，闭目养神，侍童汲水煮茶，一派闲情逸趣。庭中窗明几净，长几上摆放着瓶、书籍、香炉。庭院的格子窗裱糊着白色窗纸，与黑漆窗架、窗格、家具对比分明。与前两幅相比，此幅所画秋色的苍郁之感跃然纸上。小桥曲径通幽，将外部湖山景观相隔，门

从旁开。采用边角式的构图，右密左疏，可以看出建筑是主体，密树重瓦把居室衬托得豁亮明净。湖水与天色浑然一体，院外秋意已至，院内却枝繁叶茂，仿佛不愿跟随天气的脚步，但几处落花却已悄悄透露出秋天的讯息。梧桐枫槲，金桂飘香，院内角落处的芭蕉更是特别。仔细看，庭院构图与建造方式与日本天守阁颇为相像。画面中繁景用墨厚重，山水却并未描写，以留白画示意，将整个庭院衬托得宁静与安详。

第四张冬日赏雪，画湖边四合庭院，院外高松挺拔，苍竹白头。无论远山近石，地面屋顶，都堆满积雪，茫茫一片，难见人烟。参天青松在寒冬郁郁华姿，似乎能略减寒气，桥上老翁骑驴张伞，前有侍者导引，在寒风白雪中战栗前行。走在前面的侍者回头张望，似在关心老者的安全，生动而自然。出行者似乎是为了寻诗觅句，又或许只是单纯地赏雪观山，不过无妨，踏雪寻梅，山湖一色，也颇多闲适之趣。湖边四合庭院，分为前、后两院。随墙门迎桥而建，样式简单，但过厅门卷棚抱厦，又颇复杂，左右的耳房连接回廊，可以直入厢房。正房缺失，没有画出，画面中的均是单檐歇山的左右厢房，三开间的格子窗被平均分割；左厢房内，一女正掀帘欲出。院子的右侧紧接湖水，水上厢房以吊脚柱架立于水中，落地长窗有一扇打开，隐见内有画屏。房屋的精细绘图，正与院外的苍茫景色形成对比，也让观者不自觉联想到漫天大雪下室内的温暖。远山雪景简而绘之，以留白表雪景。而被白雪覆盖的山石，用小斧劈皴画出，锋利坚硬，突显出寒冬的冰冷。

尽管此图卷是四图接拼，以描绘景色为主。但此图旨在表现士绅官僚优裕闲适的生活。画家把注意力从山川自然转移到人工营造的景物上，构图重心与题材风格的转变，从侧面反映出南宋时期，官僚们无心复国，安于现状，纵情享受的生活态度。正如诗云：“暖风熏得游人醉，直把杭州作汴州。”

《中兴四将图》最不能打的反而最嚣张

《中兴四将图》为南宋刘松年绘，图上所画四将为南宋所谓“中兴四将”——刘光世、韩世忠、张俊、岳飞的全身立像，四将身旁各有一名贴身侍卫。此图主题本身并不罕见，中国古代历来有为名将排序记录的习惯。更早的有东汉云台二十八将，唐代凌烟阁二十四功臣，近一些的有清代紫光阁功臣像，诸如此类。这幅《中兴四将图》中左起第一位将军，即是岳飞，韩世忠排在第三位，二者中间的是张俊，最后是刘光世。

相比岳飞、韩世忠二人，张俊与刘光世知名度就要低很多。张俊，字伯英，出身盗匪，号称“自在军”。靖康之难率部勤王，经梁扬祖推荐，被康王赵构，也就是后来的南宋高宗皇帝引为心腹。随着完颜宗弼“搜山检海抓赵构”，宋高宗被逼无奈只能逃往海上，而张俊于路上死战，奋力为高宗皇帝回归开辟落脚之处。在这段时间里，张俊与岳飞相遇，为岳飞打开了向赵宋官场进阶的大门，同时也为日后与岳飞的矛盾埋下了隐患。岳飞战功日益显著，隐隐有了

能够北伐黄龙府克复中原的迹象。岳飞官升节度使后，他的地位已经可以与韩世忠和张俊相提并论了。因为依照宋代制度，升节度使可以建节开府，而当时已建节的大将只有刘光世、韩世忠、张俊和吴玠四人而已。

年轻的岳飞锐气无匹，但“老兵油子”张俊已经开始为自己筹谋未来。就在金国支持的伪齐政权瓦解之后，张俊的立场逐渐倒向了已经在朝中有着相当话语权的秦桧。而后秦桧构陷岳飞等人，张俊在其中也是立下了“汗马功劳”。历史是公正的。至今，曾陷害岳飞的秦桧、王氏、万俟卨、张俊等四人被世人所唾弃。但后人对张俊的评价，往往具有两面性。一方面，他的确在宋朝国难之时挺身而出，慷慨赴义，没有因为时局动荡而畏缩逃避，而他一生的荣耀也足以证明“一将功成万骨枯”，诚不我欺。张俊卒于绍兴二十四年（1154 年），高宗因此辍朝三日。在古代能令皇帝吊丧不上朝，对于一位臣子来说是相当高的殊荣了。高宗临奠并悲伤恸哭，追封循王。赐棺木、貂冠、袭衣、一品朝服、龙脑、水银以敛，赙绢等为送葬陪葬之物，命延福宫使、安德军承宣使、内侍省押班张去为护葬事，谥号忠烈。这个规格，可以说是位极人臣，甚至是王臣了。但另一方面，张俊好财，也好色，这也是他性格中的缺陷。张俊为了敛财无所不用其极，甚至把脑筋动到了军队上面，他告令军队军人，如果有手艺可以赚钱的，可以不出操，不训练。因此，张俊的部队在当时可以说是一支流动的手工业团体。因此，他拙于用兵，甚至有军中歌谣讽刺张俊所部:“张家寨里没来由,使他花腿抬石头。二圣犹自救不得,行在盖起太平楼。”“花腿”,指的是军卒“自臀而下,文刺至足”,宋代兵丁不禁文身,如岳飞身上只有四个字的军人少之又少。太平楼则是张俊开的酒楼。张俊之贪财,可见一斑。

至于刘光世,字平叔,出身西军将门,镇海军节度使刘延庆次子,在军中积威甚厚。刘光世最出名的就是他的“战术转移”,号为“长腿将军”。翻开史书,可以看到刘光世战功并不少,甚至他的官爵地位都是积功而得。但刘光世畏惧金军,往往金军未至他已先走。这种非战略性的“战术转移”,让宋军在一次又一次的溃败中,逐渐丧失了斗志,也越发不敢战、不能战了。另外,刘光世善于恩养,体恤部卒,甚至可以说是纵容部下。为了补贴军用,放手军队自行筹措,那么往往遭殃的就是广大的穷苦老百姓。但是这个行为,却让军队对刘光世更为忠心。这两方面的表现,最终使刘光世变成了南宋朝廷上的一块“烫手山芋”。对于刘光世的处置,南宋朝廷上一直有两种观点争论不休:一种认为应该彻底罢免刘光世,让这样的毒瘤隔绝于军队;另一种则认为,刘光世通过各种手段使自己在军队中的声望极高,草率地罢免他,容易引起军队哗变。事实证明,这样的担心还是必要的。绍兴六年(1136年),右相兼都督张浚上奏皇帝:“刘光世骄惰不战,不可为大将,请罢之。”当时的左相赵鼎则认为刘光世地位特殊,轻易不要动。过了一年,张浚再次上书弹劾刘光世:“刘光世‘沉酣酒色,不恤国事,语以恢复,意气拂然'，乞赐罢斥，以儆将帅。”两个月后，刘光世被罢帅，王德升为都统制。这个调动直接导致刘光世左护军五万两千多人哗变倒戈，投向伪齐。只有王德所部八千余人及零星部队回归朝廷，史称“淮西军变”。自此，刘光世地位越发巩固，南宋朝廷也意识到，刘光世此人，可供不可用。绍兴议和后，宋金战事消弭，刘光世再次被收回兵权，相继罢为太保、万寿观使。而绍兴议和后的第二年，也就是绍兴十二年（1142 年），刘光世因病薨于临安，享年五十四岁。高宗震悼，诏赠太师，辍朝二日，赙银二千两，绢帛二千匹，赐龙脑、水银装殓，谥号武僖。乾道八年（1172 年），追封安城郡王，开禧元年（1205 年）追封鄜王。

统观中兴四将生平，除岳飞与韩世忠外，另外两人从战功角度并不足以称为“中兴”。张俊尚有可观战绩，刘光世在对金作战中几乎是毫无战功。也因此，后世很多人对这个排位颇有异议，也都提出可供代替的选择。如南宋将领吴玠、吴璘两兄弟，镇守西川几十年，在和尚原之战和仙人关之战中大败金兀术，破川陕路金兵进攻，使得金人不敢窥视陕川之地，西夏和金国的版图也未进一步扩张。也有如刘锜刘信叔者，南宋初年名将，在顺昌之战中大破完颜宗弼，并协助岳飞北伐。而后被罢，晚年再获起用，率军抗击南下侵宋的金帝完颜亮。

《便桥图》中的民族意识与家国情怀

大唐武德九年（626 年），经历了“玄武门之变”后的长安，唐王朝政权摇摇欲坠，岌岌可危。尽管唐太宗李世民在事变之后很快登基，从政治上稳固了政权，但无论从经济、军事还是官场、民间，都还有着或大或小的不安定因素。其中，西北的突厥，便是初生王朝外部最大的威胁。而这个最大的威胁也不出所料，在唐王朝政权更迭的时候，发动大军，直逼长安城。虽然太宗皇帝派大将尉迟敬德前往阻击，获得成功，但游牧民族在机动性上比唐王朝军队强得太多，在遭遇阻截不久后，突厥大军势不可挡地来到了距离长安城不远的渭水河畔。

由于被尉迟敬德阻击而造成了伤亡，突厥不敢掉以轻心，于是派出间谍来刺探长安虚实，结果被唐太宗扣住不放。可突厥部队已经大军压境，唐太宗手中兵少粮寡，便故布疑阵，带六位臣子出城与突厥可汗问话。一上来便直斥突厥背信弃义，撕毁盟约，兵欺大唐。突厥见唐太宗就七个人出来，心里也没底，而且间谍被抓住，也无法得到消息，因此稍有耽搁。而唐军从四面八方涌上来，反而把突厥部队围在中央。突厥虽然心慌，但论军事实力毕竟是强于此时的大唐，所以唐太宗也没等突厥彻底翻脸，便表示愿意和突厥可汗再定一次盟约。两天之后，突厥颉利可汗与唐太宗在渭水河便桥边杀白马为盟，签订了和平条约，突厥大军就此退去。

唐太宗用和平方式将这场本该是异常惨烈的战争消弭于无形，但这次被史书称为“渭水之盟”的盟约却被唐太宗视为奇耻大辱。仅仅两年之后，誓要报仇的唐太宗便发大军，经过艰苦战斗，消灭了东突厥汗国。

一次盟约为什么会被视为“奇耻大辱”？让我慢慢道来：首先，渭水之盟是在什么情况下订立的呢？是敌人大军压境，对手的刀都顶到胸口了，从某种意义上说，是“求和之约”。对于雄才大略的唐太宗来说，一份“求和之约”是屈辱的，这是显而易见的；再者，突厥和唐王朝开战了吗？没有，大规模战争没有，只是小规模的打了。唐王朝打胜了吗？没有，小规模的胜了，大规模的没有。那唐王朝打败了吗？也没有，大规模的没有，小规模的更没有。那么，这份“求和之约”是在没有败的局面下订立的，是自己主动求和，一定程度上可以说是纡尊降贵，请求议和。这么看，是不是双倍屈辱？

历史上，中原王朝与游牧民族订立盟约不在少数。而这种“城下之盟”在历史上都很经典。远一点的，有汉朝高祖皇帝的“白登之围”，被困在白登山的刘邦用陈平计，贿赂匈奴单于的媳妇阏氏，让匈奴放了自己一条生路，回来即与匈奴和亲。北宋与辽朝之间的“澶渊之盟”也是无人不知，无人不晓。

“澶渊之盟”与“渭水之盟”极为相像。同样的敌人大兵压境，同样的不胜不败，虽然部分吃亏，但都没有到亡国之灾，也没有能力吞掉对手。

“渭水之盟”后，唐太宗李世民厉兵秣马，誓要报仇雪恨，两年之后便发兵通过战争灭掉了东突厥汗国。

而北宋呢？“澶渊之盟”让北宋朝廷尝到了不动刀兵便可退敌的甜头。于是称臣纳贡，金银布匹，能送的都送，能赔的都赔，只要你不来打我就行。

正是因为“渭水之盟”与“澶渊之盟”如此相像，南宋画家刘松年以“便桥见虏”为主题，绘制了《便桥图》，全称应是《便桥见虏图》，意在用唐史说宋话，借古喻今。两宋立国三百多年，其间与辽、金、西夏、大理、吐蕃等多个民族政权并立，或战或和，纷纷扰扰。在这个背景下，过去汉民族对于中华一统论的坚持更为凸显，民族政权也在逐渐寻找与汉民族对等交往的机会。不过，民族意识怎么会那么容易找到平衡呢？刘松年的前辈李公麟曾绘制《免胄图》，又名《郭子仪单骑见回纥图》，描绘了唐代中兴名将郭子仪卸去盔甲，只带数十人入胡营，说服回纥大军联手抵抗吐蕃，破泾阳之围的故事。这幅画作隐含了画家对民族命运的担忧。宋室南渡后，刘松年的同侪李唐又以《采薇图》《晋文公复国图》来表达自己的复国之愿。至于刘松年自己，《中兴四将图》的绘制简直是在向南宋朝廷喊话：“你们为什么还不北伐？为什么还不克复中原？”

元代的画家陈及之曾作《便桥会盟图》卷。同一主题下，表述汉民族意识的刘松年，以“见虏”为题，而出自蒙古政权下的陈及之则名之“会盟”，背后的思想意识和政治倾向可谓明了。

不幸的是，刘松年的《便桥见虏图》已经遗失，人们只能在陈及之的《便桥会盟图》和一些题跋中去窥探刘松年《便桥见虏图》原作的风貌。不过，这两位不同时代的画家的同题材画作也形成了中国绘画史上的呼应关系，给后世留下了更多解读空间。

最后，说一件妙事。明末陈继儒在观赏完刘松年的《便桥见虏图》后，在他的文集《白石樵真稿》中留下了一篇跋语：“余谓便桥之盟，犹近城下，宜写未央宫、凌烟阁二图，铺张胡越一家气象。此千古大快事，故识卷末，以俟后之刘松年其人者。”

胡越一家，千古快事矣！

《博古图》考古博古，傻傻分不清楚

“老爷，那边好热闹，我们去看看？”

“好啊，走，我们过去看看。”

老爷与夫人带着仆从自大道步入松林，远远望见有数人在松林中交谈，一张方桌上，摆满了各种金石器物，一位身着蓝衫之人正举起其中一个酒樽细细查看，另有一年长者手中拿着一个宝壶盖仔细研究，似乎对上面的雕花很感兴趣。而一个妇人，手中不知是何物件，她可能自己也在好奇，似乎正要询问蓝衫人。看起来，蓝衫人或许正是此间主人。远处一个仆人正用扇子扇着火炉，炉上煨着茶壶，旁边的另一张桌子上，茶碗、茶盅皆已备好。看来，这里并不是寻常摊贩，而是一位文士的博古晒物之处。

老爷背着手踱着步，从一端慢慢看过，身后的夫人赶紧让丫鬟取来提梁壶，跟着老爷慢慢踱过去。渐渐的，越来越多的人围了过来，也都各自拿着自家的宝贝，献宝似的互相赏鉴，品玩。

“老爷，你看他家宝贝好多啊，看着都挺不错的！”

“嗯……看起来似乎都很不错，这个四足鼎器形古朴，看起来颇有些味道，不知道这主人肯不肯割爱？”

“老爷何不问问？”

“哎，再看看，再看看！”

老爷背着手，围着桌子看了一遭，只那四足鼎颇可入眼，心中暗痒却又不知主人是何来历，不好攀谈。因此在方桌旁踟蹰不定。

“此间主人是谁啊？我家老爷有些话想与他说！”突然，夫人对小仆使了个眼色，小仆猛然喊了一声，吓老爷一跳，也让周边说话赏玩的人声音低了下来。

“哦呵呵，小可便是此间主人，是哪位先生要与我言语？”果然是那蓝衫人应答。

老爷慢慢踱到蓝衫人跟前：“兄台可否借一步说话？”

“自然，请。”

“兄台请了，老夫路过此处，见兄台正博古晾器，一时忍耐不住便过来凑上一凑。敢问兄台，桌上那四足鼎，可是先秦之物？”

“先生好眼力，此鼎乃春秋时物，虽无铭文篆刻，但其上雕花繁

密，器型完整，品相完好，是小可从友人手中辛苦购得，也算是诸多收藏中颇具价值的物件之一了。”

“原来如此。虽然这样，但老夫有一不情之请：老夫颇爱此四足鼎，想问兄台可愿割爱？如遂愿，老夫愿用此提梁壶以作交换。这提梁壶虽是战国末期产物，不及此鼎早，但也算罕见之物。不知兄台可否愿意？”

“这……”

“兄台若是为难，老夫便算了！”

老爷正要回身，却见蓝衫人轻轻示意，招了下手，面对夫人后退了几步。

老爷一愣，也跟着过去，轻轻低头，示意可以说了。

“先生，实话讲来，此物虽是名贵，却也并非不可易，但我见先生颇爱古物，另有一桩生意，想与先生交谈。”

“我便直说了，先生可愿猜猜小可年纪？小可不过而立，这些古物皆非小可自家珍藏，而是由友人从他处‘借来’与我，让我替‘主人’保管而已。”

“‘借来’不还，与偷何异！”老爷一听，双眉倒竖几乎要喊出声来。

“莫急莫急，且听我说来。从人家里借，自是与偷无异。不过我这友人所‘借’之处，虽也是家里，但主人却是未加拦阻的。”

“你这……”

“先生可猜到了？若是我这友人再有‘借来’之物，先生可还愿赏脸来与我交换一二？小可也不要先生家中物件，不过是赏几两黄白之物，让小可与友人能度寒消暑足矣。”

老爷听完，没有说话，只是望了一眼蓝衫人，又回头看向那四足鼎，转身走向夫人身边，轻轻说了句：“走吧。”便往大路上去了。

而那蓝衫人却在后面高喊了一句：“先生若有兴致，小可恭候先生！”

老爷远远听到，也不回头，直接去了。

此幅《博古图》为南宋刘松年所绘。“博古”一词，最早见于汉代张衡《西京赋》：“有冯虚公子者，心侈体忲，雅好博古，学乎旧史氏，是以多识前代之载。”而“博古图”一名则出自《宣和博古图》，《宣和博古图》是由宋徽宗敕撰、王黼所著的金石学著作，共三十卷。因著录宋室宣和殿收藏的自商至唐青铜器物 839 件，成书于宣和五年（1123 年），因此称为《宣和博古图》。

作为书画题材，“博古图”在宋代以后更为流行。“博古图”本身属于“杂画”的一类，并未单独成类。相比于明清两代，宋代的“博古图”更为稀少，因为宋代金石学作为一门学问而诞生，致力于恢复礼教，重整伦常，稳固统治秩序。宋初有鉴于五代之混乱，君臣纲纪之破败，因此重视经学。证经补史的金石学，正在此时受国家形势的需要而诞生并兴盛。宋人向来有复古之志，所谓“回向三代”，但同时又有疑古之风，因此对于书籍的记录，宋人已经觉得不足为据，新的史料证据亟待发掘。而“考古”（盗墓）发现的青铜器、玉器等，正是在这个时候被宋人所重视、所需要的。

正如后世静安先生（王国维）在论及史料的选取时提出的“地

上物与地下物”二重证据法一样，宋人同样意识到文字书画作为研究证据的不足。因此宋人对“地下物”，尤其是“地下物”本身所带有的文字、图像相当重视。

宋代蔡絛在《铁围山丛谈》中对“金石学”有着精辟的论述：“及大观初，乃效公麟之《考古》，作《宣和殿博古图》。凡所藏者，为大小礼器，则已五百有几……于是天下冢墓，破伐殆尽矣。独政和间为最盛，尚方所贮至六千余数，百器遂尽。见三代典礼文章，而读先儒所讲说，殆有可哂者……于是圣朝郊庙礼乐，一旦遂复古，跨越先代……时所重者三代之器而已，若秦、汉间物，非殊特盖亦不收。及宣和后，则咸蒙贮录，且累数至万余。若岐阳宣王之石鼓，西蜀文翁礼殿之绘像，凡所知名，罔间巨细远近，悉索入九禁。而宣和殿后，又创立保和殿者，左右有稽古、博古、尚古等诸阁，咸以贮古玉印玺，诸鼎彝礼器，法书图画尽在。”

最后，他对这种风气做了总结：“然世事则益烂熳，上志衰矣，非复前日之敦尚考验者。俄遇僭乱，侧闻都邑方倾覆时，所谓先王之制作，古人之风烈，悉入金营。夫以孔父、子产之景行，召公、散季之文辞，牛鼎象樽之规模，龙瓿雁灯之典雅，皆以食戎马，供炽烹，腥鳞湮灭，散落不存。文武之道，中国之耻，莫甚乎此，言之可为于邑。”

一时倾覆，无论再好再美，都将散落不存。尽管宋人的“博古图”更多的是想彰显画家自身的文化修养和艺术审美追求，但是“博古”本身在那个动荡的岁月里，就只是虚幻的泡沫而已。

《补衲图》衣破帽破佛法不破

《补衲图》为南宋刘松年绘。“衲”即百衲衣，也叫袈裟，是人们最熟知的佛教僧衣。图上的老和尚团坐于榻上，手执袈裟，穿针引线亲手进行缝补。身后的年轻僧人目不转睛地看着老和尚，仿佛不敢打扰。而在榻的背后，一僧一俗正在准备制茶，随时供奉，榻下一条细犬仰头观望。整幅画面和谐生动，生活气息浓厚，是不可多得的佳品。

“鞋儿破，帽儿破，身上的袈裟破……”看到这句，有些年岁的读者或许都能唱出来。这正是由游本昌老师主演的《济公》中主题曲的歌词，游本昌老师用其精湛的表演，诙谐幽默的语言风格，惟妙惟肖地为我们在荧幕里再现了宋代名僧道济和尚传奇的一生。

道济和尚，本名李修缘，浙江天台人，南宋禅门临济宗僧人，以不死守清规戒律和神通广大闻名于中华大地。作为其经典形象，“衣衫褴褛”是相当精准的形容：一把破扇，一顶破帽，一身破破烂烂的百衲衣和一双破草鞋便是道济和尚全部的家当。而一身的

“破”物，与其自身的高妙佛法、奇幻功力相比，确实不值得拿来相提并论。

作为“降龙罗汉”转世，道济和尚对这些“破”物不萦于怀。而佛教原本对于僧人的规定中，就要抛弃华丽和舒适。干净，才是最重要的。在佛教发展初期，佛陀及其弟子身着“粪扫衣”——一种用破布制成的衣服。这些破布或来自坟地，或来自弃衣、破衣，基本都是捡来的。后来，佛陀允许接受信众供养，其中布匹便是供养物品之一。但是也需要将其剪断再缝制成衣，目的是降低价值和剪灭僧众的贪心。穿这样的衣服，除了以示清修外，还基于当时佛教的现实环境。

佛教源于古印度，佛陀认为不应纵欲的同时也不应极端苦修。因此着衣，尤其是破衣，不仅是遮蔽身体，保护身体、保持清洁的方法，还可以去除僧侣对外物的贪欲，是一种最简便的修行方式。

随着佛教传入中国，由于中国气候与印度不同，因此在穿衣上也进行了相应的变动。佛教规定僧侣着“三衣”或“五衣”。“三衣”者：安陀会、郁多罗僧和僧伽梨。安陀会是五条布缝成的中宿衣，凡寺中劳役，日常作业，出入往返，皆着此衣。郁多罗僧是七条布缝成的入众衣，穿在安陀会之上，因覆于左肩，又称覆左肩衣。凡行斋、听讲、礼佛、诵戒等诸羯磨事，皆着此衣。僧伽梨是大衣，由九至二十五条布缝制而成，专供外出尤其是出入王宫使用。“三衣”

之上加僧祇支、涅槃僧则为“五衣”。

至于我们熟知的“袈裟”，其实就是上面所说的“僧伽梨”。最显著的特点为“偏袒右肩”“割截田相”“染不正色”，由碎布连缀而成，成水田状。“袈裟”是阿难尊者奉佛指点，模拟水田阡陌形状缝制而成，属于僧众礼服，条数越多身份越高贵。《四分律》中记载：“（世尊）中道见有田善能作事畦畔齐整。见已，告阿难。汝见此田不？答言：已见，世尊。佛问阿难：汝能为诸比丘作如是衣法不？答言：能。”所谓：“人间以田种粮养命，而法衣之田，将养法身，长慧命，堪为世间福田。”

另外，对于服装的颜色，佛经中也做了严格要求：以若青、若泥（皂、黑）、若茜三种为如法色，以五方正色（青、黄、赤、白、黑）与五方间色（绯、红、紫、绿、硫黄）为不如法色。所以，我们在影视剧中常看到僧人身着灰色僧衣，便是以此而来。不过，佛教传入中国后，为适应中国文化，也有了相应变化。汉魏之际，有僧人着赤衣，后来又有黑衣、青衣。唐宋两代，赐大和尚紫红袈裟。

道济和尚一身破烂僧衣，践行了佛陀所言的“离羞耻，避蚊虫”且乐在其中。尽管“酒肉穿肠过，佛祖心中留”成了道济和尚一生的“名言”，但是他嬉笑人间的性格，让当时的老百姓都认识到，佛教并非高高在上不可亲近，反而宽容度高：“佛门广大，岂不容一癫僧？”而他剃度、求佛灵隐寺，至今仍蹲在灵隐寺梁上的故事，更是脍炙人口，一反过去佛家的严肃形象，让人心生亲近之感。

不过，道济和尚的故事也警醒着世人，他这般洒脱狂放，可为罗汉；世人若如他一般，只会堕入魔道——“酒肉穿肠过，佛祖心中留。世人若学我，如同进魔道。”最后的两句，才是道济和尚真正想告诉世人的。清规戒律于大智慧者无用，可如恒河沙数的芸芸众生，仍需要“戒定慧”三学来度一切苦厄，而“戒”恰恰是第一重要的。

道济和尚的“诨名”济公，也恰恰说明他在人们心目中的地位。而相比古往今来那些“假济公，真济私”的“大德”们，破破烂烂的道济和尚，或许正是降世下凡的降龙罗汉前来缉寇讽奸。“六十年来狼藉，东壁打到西壁。如今收拾归来，依旧水连天碧。”这首道济和尚的临终偈子，照应了道济和尚一生的修为。

李唐
中国历史上唯一一个收“强盗”为徒的画家

《万壑松风图》覆巢之下焉有完卵

北宋政和四年（1114 年）汴京皇城内某处。

“来来来，诸位卿，且来看看这幅图画如何。”

“哎呀真是妙啊……” “确实不错。”

“官家好眼光。”

……

“那既然这样，诸位卿也都觉得此画甚妙，朕欲将其点为头名，诸卿以为可否？”

“官家，正当如此。”

“以如此之功力，头名入画院正是再好不过。”

“是啊是啊……”

“那好，内侍，拿笔来！”

“将此人唤上殿来，朕要见见他。”

“喏！”

“宣，李唐上殿。”

“微臣李唐，拜见官家。”

“好，李唐，你的画作，朕看了，已点为今日头名。但朕想问问你，你是如何想得此法，得此妙境？”

“回禀官家，今日官家出题‘竹锁桥边卖酒家’，臣以为，若实画‘酒家’，必然落入窠臼，且未能显出臣之长处。不若以虚避实，着眼在‘竹’‘桥’二字，或许能博得官家青眼。故臣以‘竹’为障，以‘桥’为引，在小溪桥边，竹林深处，斜挑出一个酒帘，再以行云散霞盘桓，尽做虚化，衬托‘锁’字深意。”

“好好好，李卿家构思之妙，落笔之精，露其要处而隐其全，实在是出乎意料。朕已传旨，卿明日便可来画院待诏。”

“微臣遵旨，微臣告退。”

北宋靖康二年（1127 年）太行山脚。

“嘚儿驾！仔细盘查，莫要放过一个可疑之人。”

“是！”

“来来来，过来过来，一个一个排好队，不要挤。”

“说你呢，挤什么挤。”

“都看什么看，过来过来，东西都放在那边，要是让俺们搜出东西来，可别怪俺们无情。”

“快，快看，那边是什么？”

“啊，快跑啊，太行山的盗匪来啦！”

“小的们，都看见了没，今天的进项有了！谁要是再砍几个金人脑袋，回去重重有赏！”

“好嘞，大王你就等着破财吧！哈哈哈哈！”

“老头，嘿，说你呢，站住，把包袱里的值钱东西都掏出来，或许本大王还能饶你一命。”

“这……老夫实在是没什么值钱的东西了，求大王行行好，莫要伤了老夫，放老夫南去吧！”

“你说没有就没有啊？打开让爷瞧瞧。”

“呦呵，还真是穷啊，就几根烂笔，这……这是……”

“啊，这……这是老夫曾经画过的画儿，也不值几个钱的，您要是喜欢，拿去便是。”

“敢问老人家尊姓大名？”

“老夫姓李，单名一个唐字。”

“啊！”扑通一声，土匪跪下：“老人家莫要谦虚，是小子有眼无珠，老人家声名远扬，今日得见，真是三生有幸。”

“你这是……”

“小子名叫萧照，迫于生计落草为寇，今日得见先生，愿以师侍，不再为贼，得奉左右。”

“这……好吧，老夫刚从金营逃出，正要往南去，听闻南方已有了新的官家，原是河北的兵马大元帅。”

“学生也有所耳闻，愿与先生同往。”

南宋绍兴元年（1131 年）临安城市集某处。

“哎，丈人，敢问，画价几何？”

“哦，客官慢看，大幅贵者逾百文，小尺斗方不过一二十文罢了。”

“哎，老丈，你这画，以什么为题啊？”

“老夫之画，多以崇山峻岭、深林竹幽为题，间或有宽江长水、波澜壮阔之作。”

“哦……你这画，色彩都这么沉重吗？可有色彩明艳之作？”

“唔……未有。”

“哎老丈，你这样不行啊，你看这江南风光，柳莺花燕，没有人会喜欢你这个阴沉风格的画的。况且你这画价格还挺高。”

“就是就是，我看你这老丈画画水平还挺高，要是把画上的山石变成兰草水仙、芍药蔷薇，或许还有人会来买，就这么几块破石头，说是林子，松不松柏不柏的，在这里没市场的。”

“先生，他们也太……”

“哎东生啊，莫要生气，今日可有开张？”

“有的，但只五六十文，恐怕今日……”

“没事没事，去，看看集上还有什么，再过一会儿我们也收摊回家。”

“喏！”

“江南好，风景旧曾谙……”

南宋绍兴十六年（1146 年）临安皇宫内某处。

“官家口谕，宣，李唐上殿……”

“微臣李唐，拜见官家。”

“李卿家平身，快，赐座。”

“谢官家！”

“李卿家，朕闻卿乃北从之人，途中逃脱金营，不远千里南下归朝，朕心甚慰。又知卿乃画院遗臣，今朕有意重开画院，不知卿可有意？”

“禀官家，臣虽老朽，但臣愿以身体力行，贺官家重开画院，继文承宣。”

“好！传旨，授李唐成忠郎，画院待诏，赐金带。”

“谢官家！”

“免礼，朕见江南文坛、画坛之气淫靡，堕人心智。朕希望能重开书院画院，以提振士气。”

“官家高功，必能成就一番伟业。微臣曾于北方危难之间，寻回旧日所作《万壑松风图》一卷，此图乃旧日微臣于宣和年间所绘，以北方山石林木为主体，主峰位于画幅中央，左右衬以高低参差插云尖峰。石上生林，以斧劈皴法描绘而成。云生其间，泉流伏低，灵动厚重，汇于一幅之中。今愿献与官家，以贺画院重开。”

“好好好，卿忠心可嘉！”

李唐，字晞古，河阳三城人（今河南孟州），宋朝著名画家。48岁招考入北宋画院，遭靖难之变，流离失所。途中遇盗匪萧照，收为徒。后至南方，先后游历，定居临安，卖画为生。遇宋高宗重开画院，授成忠郎，画院待诏，时年八十矣。传世作品有《万壑松风图》《烟寺松风图》《清溪渔隐图》《采薇图》等。

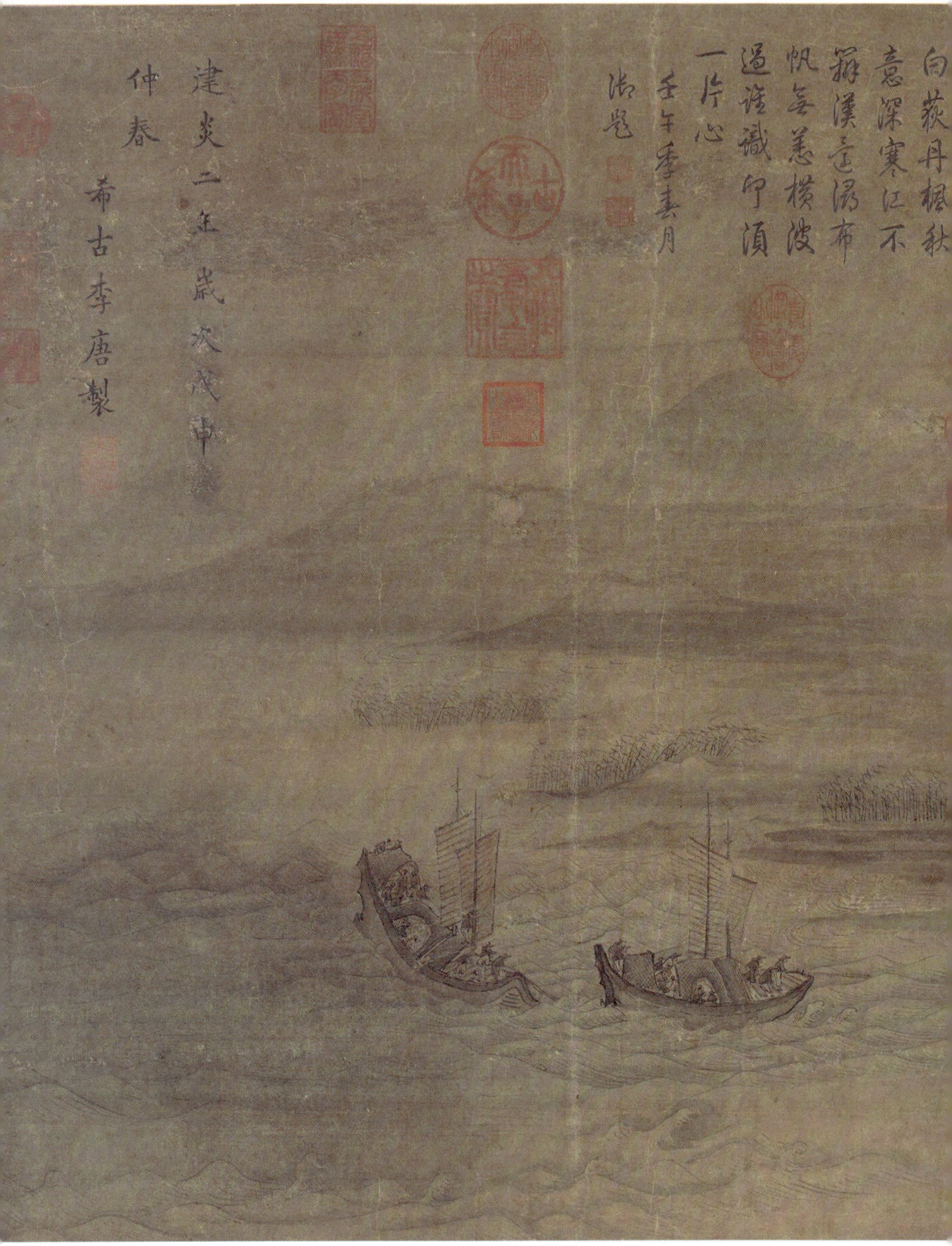
白荻丹楓秋
意深寒江不
一片心
壬午季春月
建炎二年歲次戊申
仲春
希古李唐製

《秋江待渡图》南渡逃亡路，前路未可知

屋外西风猎猎，摇动树叶沙沙作响，江水滚滚向前，奔涌激流，卷起阵阵白花，拍打在两边的石岸上，碎作点点水星。一浪一涌，前赴后继，向东而去，轰隆之声澎湃清晰，令人心悸。这是深秋的长江渡口，李唐坐在渡口处的一间小房子里，隔着窗户，静静地看着外面骤风之下，船家与待渡人彼此招呼，呼和之声在风声水声的作用之下，几乎不可听闻，只能远远看到船家的招呼动作，口中还念念有词。渡客三五成群，骡子驮着行脚物什，斗笠之下，连连作揖，却不知在说些什么。

忽然，那船家抬手遥指，湍急江面上，已经有两三艘客船摇晃前行，大浪之中，颇能载人的客船也仿如一叶扁舟，忽高忽低忽上忽下，左右摇摆身不由己。那风帆被吹鼓得饱满，加速了客船前行，而那船中客人，紧紧把住船舷，似怕将自己甩出一般，哆哆嗦嗦，好生狼狈。

李唐在窗边看了一会儿，摇了摇头，他这回从金营逃脱，一路风霜，幸得萧照相救，南下寻路，彼此照应。但这里仍是大江以北，金兵遍地，不晓得哪里就会冒出个金国狗腿，还是莫要生事为好。

想到这儿，李唐扭过身去，从自己随身的包袱中掏出笔来，舔了舔水，向店家讨了张纸，默默地画了起来。

“老师，我回来了。”

“哦，东生啊，怎么样，外面可还好？”

“老师，今日天色已然阴沉，这风您也见了，咱们今晚怕是渡不了江了。”

“无妨，此处虽然简陋，但是大江之畔有此屋暂避风雨，咱们可比外面那些客商要幸运得多。”

“老师说的是，学生刚刚去打听过了，这里仍是淮南地界。前几日，左近八公山与下蔡城，官家行在曾在此处驻扎。并且，在下蔡城外与金军交手，韩世忠韩统制亲率背嵬军破了金营。金军阵破，向北逃去了。”

“哦？还有此事？金军号称‘满万不可敌’，这回竟然在韩统制这里吃了瘪？”

“这也是官家天威。先是在八公山扛住了金军的进攻，江北下蔡城与江南八公山大营互相照应，张俊张太尉亲自在下蔡坐镇，为官家挡在了第一线。几战下来，金军没能再向前一步，更没能渡江。据说金军曾想强渡，被八公山大营的几个亲卫将领和刘太尉带来的

王夜叉等部剿灭在了江中，损失惨重。”

“嘿，别看这刘太尉自己是个怂包，不会打仗只会逃跑，他这手底下，还真是有几员战将可堪一用。”

“老师说的是，那刘太尉在河北时，学生曾与他有一面之缘。老实说，他要不是生在这混乱年月，或许更有用武之地。”

“是啊，刘太尉善于恩养，若是平日，将他们父子放在边疆，戍守边关也许不出大错。可惜这战乱年月，他父亲尚有一战之力，到他这儿，就只能，嘿嘿，听天由命吧。”

“金军挟横扫河北之势，到八公山这里阻上一阻，锐气顿挫。学生还听说，北面有义军张荣率部在梁山泊地区设计围剿了金国五千铁骑，让南下金军失了退路，这才令金军首领没有贪恋战局，在韩统制攻势之下，仓皇北逃了。”

“呵，我说嘛，这金人一向猖狂，怎么会如此轻易便放弃北去，原来是后路被断，怕自己变成孤军之势，遭到全歼。”

“要说金军战力，确实与宋军两样。马力充沛，人也雄壮，骑兵冲锋，没三四个回合根本感觉不到疲惫，从战斗角度上讲，宋军能阻上一阻，都算小胜。更遑论如今金军前路既没，后路又失，尴尬之下，奋力一冲尚有余力，若是再在平原纠缠，以韩统制之狡黠，就算不全军覆没，也要元气大伤。”

“来，不说了，今日这风雨交加之下，也算有个好消息。你去与店家打一些酒来，你我在此饮上一杯，也算庆贺了。宋金两国交战多年，我们败多胜少，如今有此一胜，或许这兴复两河，迎回二圣的期望，便要落在新官家身上了。”

“好的老师，不过也莫要多喝，我刚与船家打听了，明日一早渡客颇多，咱们还需早些休息，莫要误了时辰。”

“是了是了，快去快去。”

夜已掌灯，西风依旧猛烈，江水奔腾之声依旧震耳欲聋，几杯酒水下肚，李唐与萧照渐渐睡去了。翌日清晨，他们将乘早间客船，渡江南去；而一些客商，又将在与船家的争执之中，慢慢踏上南下的船只，前往他们从不曾到过的地方。而又有多少人，无力南行，只得在家乡迎来一波又一波的新人，在“城头变幻大王旗”的时局下，苦等着王师的归来。

《秋江待渡图》为李唐所绘。作为靖康之难的亲历者，李唐对于亡国与复兴的心情可以说是众多南渡画家中最为恳切和深沉的。《秋江待渡图》所画内容正表达了南渡在李唐心中的意味。画卷底部的江边渡口，船家招呼客人赶紧上船，客商们急急催驴挑担。船夫在做着最后的准备，等待客人登船完毕便可扬帆起航，驶向远方。

画卷中部江面波涛汹涌，已有两三艘客船正行驶于途中，船家奋力摇橹争帆，与江水做着搏斗，避免被水流冲走。远处群山连绵，似乎有鸥鹭飞过，水面也不似近前这般汹涌，颇为平缓。整幅画有近大远小、近动远静之感，似乎所有船只都在向着更为安逸的地方驶去；而似乎是“天命”般的波涛，没有人愿意与之抗争，都在急急逃命。再联想到图上落款与李唐当时所处的境地，金军恰似这波涛，“席卷”着中原大地。赵宋新官家已经先行去往江南，而穷苦大众们却需要“各显神通”般地追随而去，恰如这些客商，急急如丧家之犬。至于何日方能重回中原，画家在这里没有给出答案，只以江南之平静对比中原之汹涌，表达了画家对眼下局势的惶恐与不安。

《清溪渔隐图》烟村雨滩归自然

在临安的日子，年迈的李唐尤爱钱塘风光。新雨后，氤氲雾气下，小小渔村变成一幅水墨画，怎么都看不够。

“造化钟神秀啊！这钱塘风光，不到江南，怎么能见到啊！江南好啊……”

李唐那双年老的眼睛注视着绿树浓覆的景象，那声平静的“江南好”，终究不是当初白乐天的心境。

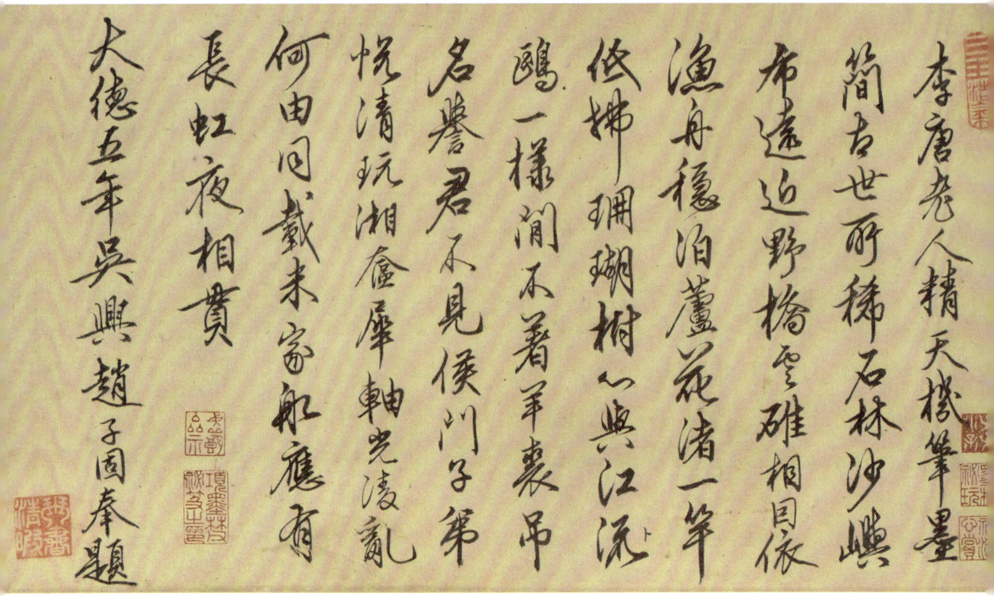

“老师……”

萧照欲说开解之词，不料李唐摆摆手，“东生啊，你看那垂钓的村翁，你说，我是不是也能弄个钓竿，做个钓鱼翁啊！”

双鬓早已染上白霜的萧照咧嘴一笑，竟又有了几分年轻时的俏皮：“那敢情好，省了买鱼的钱了，倒是可多买些笔墨！”

李唐爽朗一笑：“你啊你……云里烟村雨里滩，看之容易作之难。早知不入时人眼，多买胭脂画牡丹。你看，这景入画，是不是不枉来一趟江南。”

萧照道："自然之眼观物啊，松风与烟雨都是美。"

李唐沉寂了片刻才开口："东生想起了我那幅《万壑松风图》了吧！"

萧照一怔，点了点头："虽然，您画《万壑松风图》的时候我未在身边，但那幅画伴着咱们从汴京一路来到了临安，又陪着咱们度过了最艰难的卖画时光，在被送去宫廷之前的那么多年，我是日日都要观望它的。"

李唐不禁也陷入回忆，一瞬间，那日陡峻山林里呼啸而过的阵阵松风仿佛又回到了耳边："那年我才 58 岁，而今我却老矣。"

萧照看着眼前的景象，不禁想起老师还没有画完的《清溪渔隐图》，他道："万壑松风有豪壮之气，能抒发胸中块垒，那是当年意气，可悲，可叹，也可惜。清溪渔隐有宁静之美，沁人心脾，是豪华落尽，可敬，可幸，也可为。"

"这世间唯你懂我，无论这世事如何沧桑变化，我心中总是如一的。无论是画画，还是对国家……你说‘可为’，好，甚好，如此景色，何不可为？”李唐有些哽咽地说道。

“老师莫要感伤了。”

“嗨，老了老了，就是爱回忆从前。”李唐又抬眼看了看景色：“山水不移，青松依旧，忆当年。烟雨浩渺，自然如一，见真淳！”

宣和六年（1124年），李唐约58岁时在北宋画院作《万壑松风图》，此图惊心动魄，风起云涌。而晚年所绘《清溪渔隐图》却以宁静优雅的氛围勾勒出江南烟雨之美。此图不作全景式描绘，而聚焦边角，其山石还是用大斧劈皴，水墨苍劲，把江边山石的质感表现得淋漓尽致。石上树木的树叶则用浓淡不一的墨点染而成，墨点阔大，表现出氤氲的水雾感。整个画面观之，能切实感受到属于江南独特的烟雨美感。这幅画自然、天真、宁静、悠远，真实而朦胧，与他早年的画面美感迥然不同。

南渡后，李唐的画风虽有变化，但这位爱国艺术家的画里始终饱含了一种悲壮激昂。北宋虽然结束了五代十国的纷乱状态，但严格来说，在地理位置上宋朝向北有辽国，西北有党项人建立的西夏政权，此外还有一些少数民族建立的政权。宋朝的疆域与汉、唐相比，缩小了许多。所以宋朝的有志之士感情上总有怏怏之状，再加上宋朝统治者没有拓展疆土的“四方之志”，且整个国家对外族的侵扰都略显疲力，丧师失地的宋人对外族侵略者持“敬似兄长”以致达到了“事如君父”的屈辱态度。宋人自认为生活在一派繁荣平和之中，殊不知这些都是虚假的表象。因此当时那些清醒的爱国之士的文艺作品中总是带有悲壮苍凉，愤慨抑郁的色彩。李唐就是这群人中的代表。

北宋灭亡时，金人将宫廷以及散在民间的画作掠夺一空。狼狈南逃的高宗，在建都初期穷得连随身大臣的俸禄都发不出来，等到朝廷重建宫廷画院后，画院里连一张装点门面的画都没有。北宋时期的画坛崇古、摹古的风气浓厚，国土沦丧后，李唐历经磨难来到南方，这些苦痛与内心交杂的情绪激发了李唐的创作热情。南宋画院无古画可学的现状也促使李唐创新意识的萌发，他摆脱古法，独创了“大斧劈皴”的绘画技法，开创了“无古法”“欠古意”的绘画新方式。

李唐后期的山水画，画幅越发窄长，用笔也愈加简练直率，笔墨纵横间，散发着凌云之志。线条刚硬繁密的《烟寺松风图》就是其晚年的又一巨作。

李唐与刘松年、马远、夏圭并称“南宋四大家”，四大家中李唐资历最深，刘、马、夏继承发展了李唐的画法又融入了各自的特色，引领了南宋画院的潮流风范。李唐师法荆浩、范宽，将二人的山水之法融合一新，开南宋水墨遒劲、雄厚浑朴画风之先河。

《采薇图》感受画家借古讽今的良苦用心

“登上那西山啊，采摘它的薇草。

以暴制暴啊，却不知道这是不对的！

神农虞夏已经是过去了啊，我还能去哪里？

既然都要死了，这就是命运吧！”

深秋的西山，一片萧索，两位老人步履蹒跚地慢慢从山脚下走来，一边走，一边唱歌。他们互相搀扶，互相鼓舞。最后，他们在一处空旷的地上坐了下来，慢慢地吟唱着歌谣……

他们是伯夷和叔齐，为商代末年孤竹君的两个儿子，因为礼让王位，而选择出逃国家。又因为劝阻武王伐纣未果，以为周之得位不正而拒食周粟，逃上首阳山，以薇菜为食，艰难度日。可人之食岂是小小薇菜足以果腹？不多久，二人便无以为餐，饿死在首阳山上。

二人的事迹，经由多本古籍记载流传至今。先秦诸子的文章中多有提及，其中又以孔子“求仁得仁”之说最为称道。而韩非子直接将二人的行为比肩尧舜，言道：“圣人德若尧舜，行若伯夷”。司马迁著《史记》，将《伯夷列传》作为人物列传首篇。可见二人的事迹对后世影响之大。

李唐的《采薇图》，描绘的就是周朝初年伯夷、叔齐不食周粟，双双饿死在首阳山的典故。李唐作此画时，正值宋金对峙。南宋与金对抗多年，在长江以北拉锯盘桓。而随着战争的持续，越来越多的人对南宋克复中原失去信心，转而认为与金谈和，偏安江南是唯一出路。整个官场与社会都在对北伐保持谨慎态度，而金国也在利用其他方式动摇着抗金官员们的决心。

李唐有感于此，以伯夷、叔齐“不降其志，不辱其身”，宁愿绝食而死也不愿失去气节为立意，绘制此图。图中，伯夷、叔齐两人对坐在悬崖峭壁之间的坡地上。正面那位双手抱膝安坐的男子，也许就是兄长伯夷吧？伯夷神态平静淡然，他正侧着头仔细聆听叔齐的言论，眉宇间仿佛还带着忧愁，似乎正在追忆故国往事；叔齐上身前倾，右手撑地，左手探出两指，像在表示愿意跟随伯夷，又像是在向兄长诉说周武王“以暴制暴”的种种罪状。二人均面容憔悴，身体消瘦。他们的身体因生存环境的艰难而受到极大的折磨，但在精神上却丝毫没有困顿，对自己当初的决定没有丝毫疑虑。清代张庚在《浦山论画》中评价说：“二子席地对坐相话言，其殷殷凄凄之状，若有声出绢素。”图中人物刻画生动传神，正气充盈溢于毫端。

《采薇图》是绢本设色，纵 27.2 厘米，横 90.5 厘米。《采薇图》气氛肃穆、凝重。画面最开始有一松（寓意坚韧）、一枫（寓意安然）相对而立，树干奇崛、挺拔而坚硬，这不禁使人想起枫树之耐寒与松树之不凋。绘者将这两株具有象征意义的树木布置在最前端，或许，这正是对画中的人物性格进行比喻与写照。古人说：“喜画兰，怒画竹。”李唐在这件作品中也许正应了“怒画竹”的说法。他将心中的郁闷和对“主和派”的不忿随着笔势尽情地宣泄了出来。在画面用墨线勾勒之后，绘者又将人物身上的衣裳纹理用淡墨再次勾勒，略加渲染，使其显得既饱满又富有韵味。

尽管这幅画是以人物为主题，但山石树木却占有很大比例。那株松树是用重墨粗笔勾出树干，再略加些鳞纹，然后以浓淡不同的色彩晕染，以显其苍劲浑厚。在勾勒出松针形状之后，再用青绿墨色重描一次，用笔爽利，线条虽短却充满劲力。岩石后是峭壁悬崖，古树盘根错节。这或许是荒山之中人迹罕至的角落，也可能是高人隐士所寻求的“世外桃源”。画家着意刻画了放在二人面前的篮子

和镢头，它们都是采薇的工具，画家描绘的这个小细节，不仅突出了主题，也使画面中的人物那种怡然自得、随遇而安的情致得到了更好的诠释。

李唐以这幅《采薇图》弘扬高尚气节，谴责南宋官员投降变节的行为。伯夷、叔齐不食周粟以表不改其志之决心，今日南宋官员不以金国压境、二圣北狩为耻，反以南国有长江天险，金军非插翅无以渡为由，偏安一隅。以古讽今，用心甚深。

《晋文公复国图》王朝复兴的绝佳范例

“军师，求军师救刘琦一命！”

“这……少将军何必如此。”

“军师，现在这屋内并无他人，军师之言，天知地知，你知我知。求军师为刘琦指一条明路。”

“这……也罢，少将军熟读诗书，可听闻‘申生在内而亡，重耳在外而安’否？”

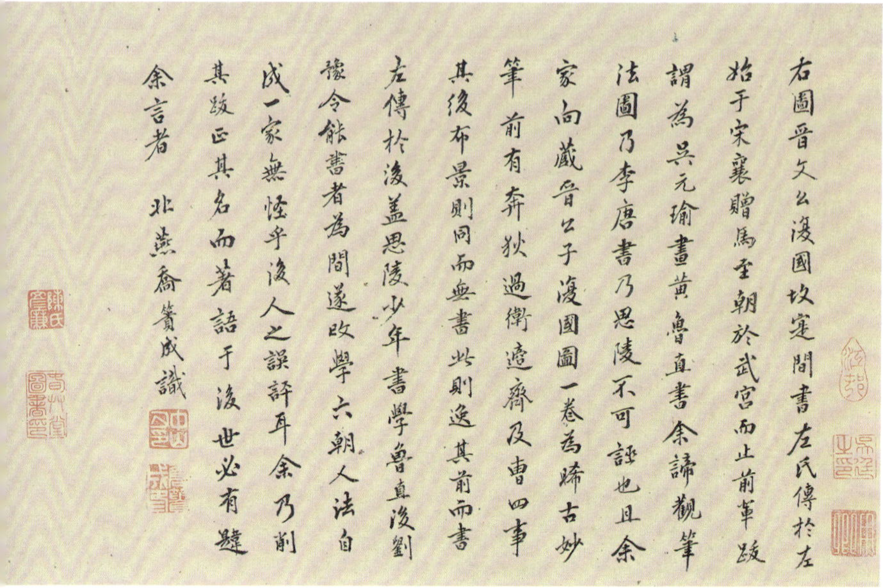

《三国演义》中，刘琦对诸葛亮使用的这个手段，也被后世传诵为三十六计中“上屋抽梯”的经典案例。《三国演义》中，刘琦为了保住自己的性命和地位，将“卧龙先生”骗到阁楼之上，然后命人撤去楼梯，使诸葛亮上天无路、入地无门，迫不得已为刘琦点拨一二。而诸葛亮也并未言明，只是借春秋时期重耳的故事，使刘琦在蔡瑁等人对其下手之前，借口镇守江夏练兵逃过一劫，也为后来赤壁之战孙刘联盟中刘备一方保存了实力。

那么，被诸葛亮所引用的这个故事到底讲了什么呢？

晋文公，姬姓晋氏，名重耳，是春秋时期晋国的第 22 任君主。

在他未成为国君之前，遭遇了“骊姬之乱”，被迫流亡在外 19 年。之后，重耳重新回到晋国执掌国政。

李唐画的这幅《晋文公复国图》，说的就是这个故事。说“图”并不准确，应该称之为“连环画”。全图共分为六段，使用一章一段的形式，描绘了晋文公被他的父亲放逐在外，最后回国即位的故事。这六篇始于宋襄公赠马二十乘，止于朝于武宫。晋文公的形象多次出现在画中，又都有树石、车马、房屋作配景。每段后，宋高宗赵构手书《左传》中的相关章节，卷末则有乔篑成、石岩、吴宽等人的跋。这幅画也是宋高宗藏画中最重要的一幅。

在这幅“连环画”中，我们首先看到公子重耳拜会宋襄公。宋襄公和客人端坐帐中，对面交谈。庭院中，骏马良驹被一一呈上，作为礼物送给晋国未来君主。殿下的四位侍卫，甚至有一位心生好奇转头去看。在这个场景中，马匹被描绘得十分精美。围帐外，马夫和骏马与坐在殿内的宋襄公和重耳巧妙呼应。

与之相反，在随后的第二段里，重耳访问郑国的场景较为简单。在画面中我们看到，重耳匆匆告别，没有一丝留恋。而在右半侧，重耳面容阴郁，登车离去。两侧仆从步履仓促，紧随其后。其中一个侍从，还在向后挥动衣袖，表示愤怒和对郑公的鄙弃。

第三段是这整幅“连环画”中笔墨最丰富的一节。这一段描绘了公子重耳访问以“好战”著称的楚国的场面：到了楚国，楚王设宴招待重耳。席间，楚王问说：“如果您回到晋国当了国君，您要怎么回报我呢？”重耳说：“金钱财宝，您已经有了；珍奇异兽，您的领土也有。它们都是您所拥有的东西，我还有什么可以回报您呢？”楚王说：“那您也还是再想一想吧？”重耳说：“这样吧，要是借您吉言，我能回到晋国做国君。如若将来咱们两国刀兵相见，我将命军队退避三舍，以念您今日之恩。如果还不能得到您的谅解，那么我只好和您较量一下了。”楚国有个大臣见此情形，问楚王要不要杀了重耳，楚王拒绝了，然后将重耳送到了秦国。

到了第四段，重耳到了秦国，秦穆公送给了重耳五个美女。

紧随其后的第五段画面更引人入胜，甚至可以说是整幅“连环画”的高潮部分：重耳即将渡河，进入晋国境内。在入宫即位的前夜，他向在这十九年的流亡生涯中，衷心追随他的子犯表示谢意。子犯由于担心今后不再被重用，同时为表明忠贞，向这位未来的晋国君主献上了一块玉璧。与此同时，子犯表示自己在过去几年里犯下许多失误，请求离去。重耳听完，愤然将玉璧投入河中，并高声说道：“所不与舅氏（指子犯）同心者，有如白水。”

在最后一段画面中，重耳如愿回到晋国，成为闻名于后世的“晋文公”。我们可以看到，晋文公的仪仗威严雄壮地走向宫殿。而晋文公车乘所用的马匹，小得似乎有些不合比例，画家着力于塑造队列中每一个昂首阔步的人物，这些侍从每个人都呈现出志得意满的神情。车上的晋文公面沉似水，若有所思。从宋襄公献马、与楚王争、子犯献玉到文公入城，完美地承载了故事的“起承转合”。整幅图画气韵流畅，不拖沓，使观画者能够完整地体会作者的深意。

宋高宗赵构的自身经历与重耳相似，因而赵构十分喜爱这幅画，并为其手书《左传》里的相关内容，以示激励。但很可惜，赵构不是重耳，金国也不是春秋诸侯。赵构最终没能重新演绎先祖的辉煌，他不听良臣劝阻，也没有复国的决心与愿望，甚至为了贪图个人享乐和一己之私，不惜谋害忠良，重用奸佞之臣，甘愿偏安江南，最终葬送了可能的复国之机。

李唐使用《晋文公复国图》来隐喻，可谓饱含深情、用心良苦。

《炙艾图》乱世之中小人物的坚守

“脓疮恶疾，药到病除喽！”

北宋政和八年（1118 年），东京汴梁城外十里，一位游方郎中带着他的徒弟正在村中“巡逻”，边走边吆喝。

“哎，先生慢走些。”从背后传来呼喊声，郎中一回头，看到一位农家男子，正蹒跚跑来，气喘吁吁，边跑还边招手，示意郎中留步。

“客官慢来，唤老夫何事？”

“先生留步，近来连日大雨，潮气太重，想向先生讨副祛湿除潮的方子。另外想问问先生可有膏药卖？想备几副在家，以备不时之需。”

“既是这样，我且与你个方子，都是农家寻常可觅之药材，按量煎熬即可。至于膏药嘛……小童，你且看看，箱中可还有余量？”

“老师，尚有五副。”

“拿来吧。这五副膏药共算你十文钱好了。”

“多谢先生。”

“且莫忙。”

“先生可还有事？”

“老夫自北国而来，敢问小哥，此地唤作什么？可有什么新鲜事发生？”

“哦这样，此地唤作‘十里堡’，因距东京汴梁城十里得名。先生再向东走二里便是‘八里庄’。”

“那……近日可有什么新鲜事吗？”

“新鲜事……除了连日大雨，庄稼被浇，各家各户都在发愁今年赋税……哦，有了，先生可知，这汴梁城里有位名角妓，唤作‘李师师’？”

“未曾听说，只知这汴梁城中，繁华盛景，雕梁画栋，让人目不暇接。”

“那是自然，但要说这李师师，那可以算得上是汴梁城盛景上的那颗明珠了。据说就连官家，还曾与其有染。”

“哦？官家竟然眠花宿柳？”

“嘿，何止啊，还争风吃醋呢。”

“嘿，好，官家与大臣争风吃醋，传出去成何体统。”

“先生莫要轻言，咱们京外小民，就听一个乐，至于这里面有多少钩心斗角，就不是咱们所能知道的了。”

“也是也是，是老夫唐突了。”

“先生说笑了，要说这新鲜事，也只此一个罢了。俺还有事，就不陪您老说话了。”

“多谢小哥。”

“快快快，所有人列队，快！”

建炎三年（1129 年），南宋苗刘兵变，本就岌岌可危的王朝更添一层风霜。驻军吴江的张俊率部前去讨伐，途中“征召乡勇”以补不足，郎中也在“征召”之列。

“快快快，所有人列队排好。都听好，凡是有勇力的，在我右手列成一队；凡是有手艺能做东西的，在我左手列成一队，快！”

“这位军爷，老夫一个行脚郎中，不知该往哪儿去。”

“郎中？正好军中缺军医，你去前面右侧第三个大帐，到了自然有人安排你。”

“好的好的，谢谢军爷！”

潇潇秋雨，郎中在张俊军营中深一脚浅一脚地慢慢走向官兵所指的大帐。可还未走近大帐，便听闻一阵歌舞声，还夹杂着女子的笑声。

“站住，干吗的？”

“老夫……老夫是个行脚郎中，那边的军爷说让老夫来此处报到。”

“那你就在此地等候，不要走动。”

帐前的兵丁转身走入帐中，而后大帐内声音渐歇。兵丁走出帐来，对郎中说：“进去吧，张太尉在里面等你。”

“喏。”郎中走进帐中，甫一撩帘，一阵脂粉味冲鼻。郎中屏住气，上前拜倒：“小民拜见太尉。”

“免礼。听说你是行脚郎中？”

“是。”

“主攻哪一科？”

“毒疮恶疾，刀枪箭伤，皆可医治。”

“那正好，军中正缺医生，你且留在此处，与大军同行。待平了叛乱，自会放你归去。”

“喏。”

“你既从民间而来，可有什么滋补之方？你也知道，这沙场拼杀，最讲究气力，若是身体不得当，便上不得战场，杀不了敌人，颇为麻烦。”

“这……”

“啊没事没事，也就是随口一问，若没有便算了。你且下去吧。”

“喏。”

南宋绍兴十二年（1142年），临安城外五里堠。郎中途经此处，遇一男子背后生疮，疼痛难当。故就在街上，唤几位乡亲，按住男子手足，烧红艾灸，准备动手疗毒。

“来啊，忍着点，这可疼。”

“先生，先生，您可瞅着点，别手抖烫了俺的好背。另外您可快着点，不然我该赶不上了。”

“你这背都这样了，还要赶着做什么去？先治病吧！”

“哎哟喂，可疼死俺了。老先生，你可没说有这么疼啊！”

“都摁住了，别让他乱动，躲了分寸便是要下第二次针了。”

“老先生您可轻点啊，俺这后背可禁不住第二遭。”

男子许是实在太疼，连摁着他的乡亲都被他连带着抖动起来。

随着郎中手中针几起几落，男子背后脓疮皆破毒而出，郎中又从匣中取出药膏反复涂抹确认，好生嘱托。而男子也不再如之前生龙活虎，颓在一处。

“这里有个方子，可治瘵疾，虽难说痊愈，但可缓解病症。”

“谢谢先生，俺这就归家去了。”

《炙艾图》为李唐作品，描绘了一位行脚郎中在村中为一位后背生疮的男子拔毒疗伤的场面。图中除郎中与生疮男子外，还有乡亲二三人，怕男子挣扎而摁住了他。郎中身侧还有药童一名，随时准备为郎中添药。整体画面活泼，人物形象生动，尤其是摁住男子的一位乡亲，既害怕又想看治疗过程，因此一只眼睁一只眼闭，颇为滑稽。

萧照
“强盗”的逆袭

《山腰楼观图》道门宗师林灵素的千古是非

“老师，你看此处风景如何？”

“东生啊，此处山峻水丰，江水曲环，崖壁峭立，澄江似练，可有

名字？”

“有的，老师。此处乃古楼观道之所在，终南山麓，有‘天下第一福地’和‘仙都’之称。”

“古楼观道……哦……是那个据说是‘天下正宗’的楼观道吗？”

“正是，老师。相传，道家祖师老子过函谷关西出前，遇关令尹喜，说老君即将西去，如不传下道法，救苍生黎民，岂不可惜？于是老子留下五千言《道德经》传与尹喜，尹喜得到此经，弃官而走，来此终南山麓隐居修道，号关尹子，结草为楼，观星望气，故名楼观。后来楼观道因奉尹喜为祖师，认为得老子亲传，故号为‘天下正宗’。”

“原来如此！不过东生啊，如今可不多闻这楼观道之名了。”

“是的，老师。楼观道虽起于先秦，又得老子真传，但实际发迹于南北朝乃至隋唐，是唐代皇家李氏宗观。而黄巢之乱后，逐渐式微。除《道德经》为必修法门外，楼观道坚信‘老子化胡说’，因此如《老子化胡经》《老子开天经》《妙真经》等一系列描述老子西行后故事的经典皆为楼观道所重视。另外，如部分《上清经》《灵宝经》《三皇文》等，也为楼观道所修习。”

“哦……没想到东生你对这倒是所知颇多啊！”

“没有没有，老师！此处大概位于关西道京兆府周边，与学生家乡距离不远，因此略知一二。”

“那之前咱们官家崇信的那位通真达灵先生，又是什么来历？”

“您说那妖道？什么通真达灵先生，不过是唬到了官家而已，还真当自己是个什么人物！”

“哦，怎么说？”

“老师，那妖道如何发迹现在已无人知晓，据说曾经是和尚，不过耐不住苦修，所以改学了道术。后来不知从哪里学来的手段，进宫唬住了官家。可他唬得了官家，却唬不住旁人。他的同修们都认为林灵素讲经毫无见地，没有真才实学，不过是能夹杂笑话以资媟笑罢了。至于道术，他说是从一自称赵升之的道人处学来，得其《五雷玉书》，但是实际水平谁也不知道。另外，他哄骗官家创立‘神霄派’，封官家为‘教主’，可以说是居心险恶。他称‘天有九霄，而神霄为最高，其治曰府’。官家是‘神霄玉清王者，上帝之长子，主南方，号长生大帝君’；他自己是‘府仙卿曰褚慧，亦下降佐帝君之治’。几个奸贼，蔡京是‘左元仙伯’，王黼是‘文华吏’，盛章、王革是‘园苑宝华吏’，郑居中、童贯及诸宦官皆有名号。后宫刘妃见宠于官家，于是妖道称刘妃为‘九华玉真安妃’。哼，好端端一个朝堂，让他弄得毫无君臣体统，成了什么样子。甚至这妖道打压忠良，已故东京留守宗泽任登州通判时，曾查处道士高延昭，从而得罪了那妖道，于是那妖道诬告宗大人蔑视道教，将宗大人‘褫职羁置’，发送镇江府。若不是这妖道，或许我大宋国祚还能再延些时日，二圣或许也不至于北狩难归。”

“原来是这样，我说那日朝堂怎么如此乌烟瘴气，那六贼勾肩搭背，互作依仗，原来还另有旁人做媒。”

“正是！所幸这妖道最后自己露怯，丢了性命，若是任他在朝堂上胡作非为，那六贼气焰或许更为嚣张。”

“唉，国祚将衰，也未见得是某人某事之力，六贼既立，也绝非一朝一夕之功。如今南渡之后，官家或许还有北伐之志，老夫看这韩太尉、岳统制还有吴太尉等人，皆是可比古之良将。呵，韩太尉不还表字良臣吗？或许这中兴之业，便要着落在他们几人的身上了。咱们这些人呐，肩不能扛，手不能提，你还砍过几个金狗的脑袋，老夫这等落魄之人，怕是此生也无以为报了。且前行，我们再看一看此处风景，便下山去吧！”

“好的，老师！”

萧照，字东生。北宋呒蝠（今山西阳城）人，画家。于北宋靖康年间（1126 年—1127 年）拜李唐为师学习绘画。其时为太行山盗匪，遇从金营南逃的李唐，因久仰其名，故弃贼而从师，尽得其传。《山腰楼观图》《岳祠汉柏图》《光武渡河图》《竹林七贤图》等，皆是其代表作。

北宋末年，宋徽宗崇信道教，自号“教主道君皇帝”，从此开始了他的道教生涯。“想瞌睡就有人送枕头”，妖道林灵素恰时出现，让宋徽宗对自己的“事业”更多了一份底气。林灵素蛊惑宋徽宗，说他与徽宗皇帝，朝廷上的几大奸臣、权相在“上天”的时候都是“同事”，徽宗皇帝更是天帝之子，其尊贵无人能比，以此博得徽宗皇帝欢心。得势后，林灵素创立道教“神霄派”，奉徽宗皇帝为“教主”，徽宗皇帝自然为“事业”尽心尽力，他先是逐渐崇道抑佛，《宋史》中有如下记载：“乙卯，诏：‘佛改号大觉金仙，余为仙人、大士。僧为德士，易服饰，称姓氏。寺为宫，院为观。’改女冠为女道，尼为女德”，然后“知登州宗泽坐建神霄宫不虔，除名编管”。“诏德士并许入道学，依道士法”，将忠良以妨害道观兴建为由，贬谪除名。又让僧人修道，改换门庭。最后，把“艮岳”逐渐增补完成，彻底成为一处“人间仙境”。

如果说，一开始徽宗皇帝的笃信不过是王朝末世给自己寻找的一个“心灵出口”，那么林灵素的加入，彻底将它搅成了一个费心、费力、费财、费工的“工程”，这个“工程”以动摇国本为基础，满足私欲为目的，将国家置于险地，随时都有大厦将倾的可能。

《秋山红树图》看宋朝的达官贵人如何炫富

南宋临安显庄观外。

掩在群山翠林中的显庄观，在宫廷画师们来打稿画壁画时，着实热闹了一番。可每日仰着头来看画师们画画，一会儿画线条，一会儿又点墨的，这时间一长，品味不出来画得哪里好的百姓们新鲜劲就过去了，于是显庄观又恢复到了从前门可罗雀的冷清状态。但不知为何，今日显庄观外又挤满了人，更奇怪的是人虽然多，现场却异常庄严肃穆。这是怎么回事呢？

“小的在这里恭喜萧待诏啦，哎哟，您看我这嘴，得改口叫萧迪功郎啦！”一个身着宫廷内侍衣服的男子，用尖细的声音说道。

“公公辛苦，劳您跑一趟了！”年轻男子双手恭谨地捧着托盘，盘中是那闪着光的金带，他黝黑的脸上满是喜悦。

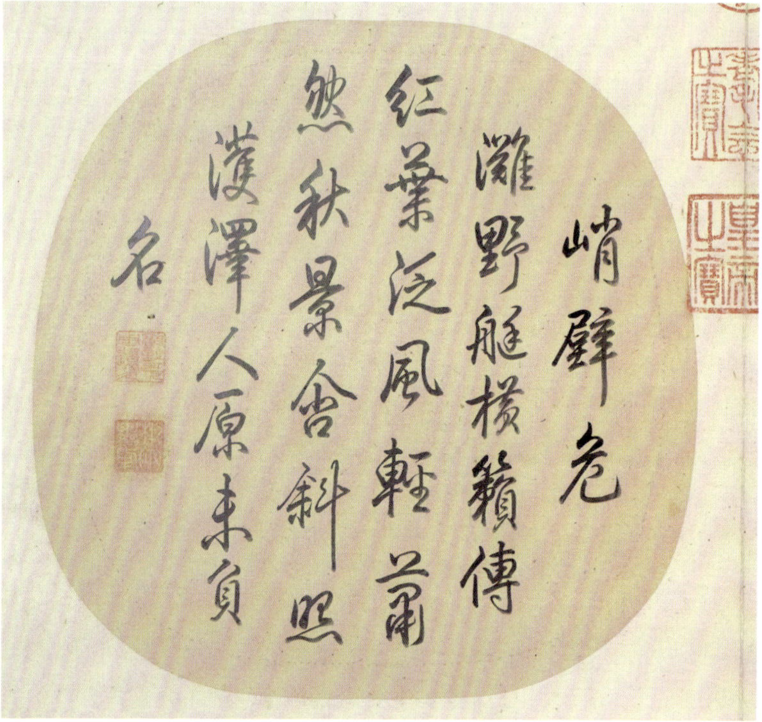

那传旨的内侍稍稍一等，见笑得一脸真诚的男子除了感谢，没有后续了，才一脸诧异地甩手走了。果然是个画呆子，谁家得了赏赐不得给作为天家使者的他们点喜钱啊！算了算了，莫跟呆子计较了。

原来，在观外画壁画的宫廷画家萧照被授予了迪功郎的官衔，还得了官家的赏赐，所以才引来了大批热心群众现场“吃瓜”（围观）。

幽静的深山里，红叶烂漫，明亮的日光穿过密林，洒下一片柔光。看到这明澈的秋，吹着这凉爽的风，又得到了官家认可的萧照，心情也极为爽朗。

宣旨的仪仗队伍一走，群众也索然无趣地散开了。宫廷画院的同僚们都来恭贺他，负责壁画项目的老画师干脆给大家放了半天假，一来为了给萧照庆祝，二来也为了让这群年轻人在这静美山水中放松放松。

一群人浩浩荡荡地前往深山里去赏景，约定好时间再去山腰亭台处饮宴，可这一赏，萧照就被眼前这随风飘摇的映日红树迷花了眼。于是，进入沉醉状态的萧照干脆找了个视野开阔的地方，画了起来。

结伴而行的两位同僚对视了一眼，一个摊手无奈："这怎么就突然画起来了呢！平时还没画够啊！"

另一个同僚笑呵呵地看向萧照："也许这就是为什么咱俩没有得到官家赏赐金带的原因。"

"啊？"

"咱们把画当工作，会发牢骚觉得累。而萧照把画当生命，热爱不灭，灵感就不熄。"

摊手的那位画师沉思了一瞬："谁当初踏入这行，不是因为热爱呢！来来来，咱们也不能落后，画起来。"

"宴会呢，不参加了？"

"一会儿再去，萧兄这主角都没去，他们肯定会等着的。"

"不过你看远处亭子里，他们怎么都坐下吃上了？"

“哎哎，等等我呀！”

“不要你对画画的热爱了？”

“热爱不在这一时片刻，而且你看萧兄的视角，定然也能看到亭子里，今天我要作为他的模特儿入画。”

两人说笑着就下山了，风儿拂过萧照的发梢，他入迷地画着，这世界仿佛只剩下这一人、一画、一景。

萧照，南宋画家，随恩师李唐至临安后卖画为生，于宋高宗绍兴年间（1131 年—1162 年）补画院待诏，后授予迪功郎一衔，赐金带。曾在临安显庄观、西太乙宫等处绘有巨型壁画。

《秋山红树图》是萧照所画的一幅山水小品图。相传李唐也有一幅同名画作，老师画作珠玉在前，萧照在绘此题时，另辟蹊径。同样画山，萧照放弃了巨碑山水的雄浑壮丽，采用了淡墨晕染，颇具写意韵味，朦朦胧胧的，似乎带着秋雾。远山含黛色，近处的枫叶着朱红，更显俏丽。秋树红叶如织，树根虬髯盘旋于山石上。仔细观察，树前有一叶扁舟，划桨人正在靠岸，前方岩石上，还有个农人，似乎刚从船上扛着东西下来。有这一船、两人的对比，才发现秋树之巨，令人瞠目。然而整个画面却和谐统一，构图虚实对比强烈，技法出于李唐又有所同，萧照的绘画功底可见一斑。

在宋朝，官家赏赐的金带代表着至高无上的荣誉。除了萧照，南宋历史上得到御赐金带的画师还有李唐、马远、李锐等。

宋朝王巩在《甲申杂记·补阙》中记载了“金带”的由来：“太宗皇帝尝欲自宰臣至侍从官，等第赐带。且批旨曰：‘犀近角，玉近石，惟金百炼不变，真宝也。’遂作笏头带，以赐辅臣。”真金不怕火炼，看来宋太宗最喜欢的还是永不过时的金带。

宋朝金带上的花纹大致沿袭唐朝的传统，大概有六种款式：球路、御仙花、荔枝纹、狮蛮纹、海捷纹、宝藏纹。其中最常见的就是宋朝官员佩戴的“狮蛮纹”金带了。不过比起金带，罕见的玉带等级更高。大宋的朝堂之上，只有皇帝才能佩戴玉带。不过皇帝有时会赐玉带给功勋卓著的臣子或者受封的皇亲。

佩戴带具其实是宋朝的达官贵人在暗戳戳地“炫富”。唐朝人只在腰间配一条带具，到了宋朝，大部分皇亲贵族都佩戴两条带具。除了约束服装腰身的束带，为了彰显自己尊贵的身份，他们还别出心裁地在束带之上再系上一条“看带”，这条看带是专门炫耀给别人看的。

关于看带，《宋史·王旦传》中还有一个令人哭笑不得的历史典故。话说这一日晨起，王旦在观衣镜前正臭美地看着自己腰身上的“看带”和“束带”，他弟弟看到后，就好奇地问王旦：“你为何在腰上系两种玉带，自己又看不到。”王旦挑眉自得地回答说：“自己看不看到是无关紧要的，我这主要是让别人一眼就看得见！”

待此图画好，萧照才缓缓来到亭子中与同僚饮酒用宴，只不过他甫一坐下，有眼尖者立刻大声嚷道：“你们看，咱们低调的萧大画师，今儿个也美上了，竟佩戴了金带，这不是让我们眼馋吗？”众人跟着起哄，萧照佯装咳了两声，耳朵尖都红透了：“咳咳，我就试试合不合身。”

《中兴瑞应图》“中兴圣主”的祥瑞之兆

《中兴瑞应图》由画家萧照和皇城司提举曹勋共同完成，其中萧照负责图画绘制，曹勋负责题赞。整幅长卷作品以连环画形式展开，描绘了宋高宗赵构登基之前的一系列“圣迹”，观来颇为有趣。

这幅图卷共由 12 个部分组成，描绘了赵构登基之前的 12 个影响重大的事件。

第一幅，讲赵构出生时，有金光灿烂照耀于室，徽宗皇帝亲自过问，赵构之母显仁皇后表示这个孩子生下来的时候金光璀璨照耀室中，又好像有四圣（不知是否指的是北方四圣）在屋里走过，这个孩子和别的孩子都不一样，将来可能会有大的出息。可以说，这

个出身为后面赵构能够登基继统打下了坚实的理论基础。毕竟凡是天子，都有不同凡响的出身：汉高祖刘邦“赤帝子斩白帝子”，宋武帝刘裕“神光照室尽明，是夕甘露降于墓树”。而赵宋开国之君宋太祖赵匡胤更是“赤光绕室，异香经宿不散，体有金色，三日不变”，就差说自己是真龙转世了。和先祖一比，赵构这个“金光粲然耀室中，并四圣从行”，还算说得比较低调。

第二幅，讲述赵构生母显仁皇后总是将自己的食物赐给幼年的赵构，有一天神人托梦告诉她，小赵构得吃从厨房里端出来的食物，不能吃别人剩下的，再一次凸显了赵构的身份不一般。

第三幅讲述赵构成年后，一有闲暇就亲习骑射。而他在这个项目的专精，也为他后来出使金国并能安全返回埋下了伏笔。

第四幅描绘康王赵构在兵临城下时出使金营的场景。靖康初年（1126 年）金军进犯，宋军失守而提出议和。满朝文武无人敢去，同时金国要求出使者得有一名王室宗亲。于是时为康王的赵构挺身而出，要求与当时宰执张邦昌同去。到了金营，赵构面对金军威胁丝毫不惧，甚至与金军统帅开弓比箭。种种反常行为使得金军统帅怀疑来人是否为宋室宗亲，于是提出更换人选，并指定要求肃王赵枢前去。于是赵构安然从金营返回。

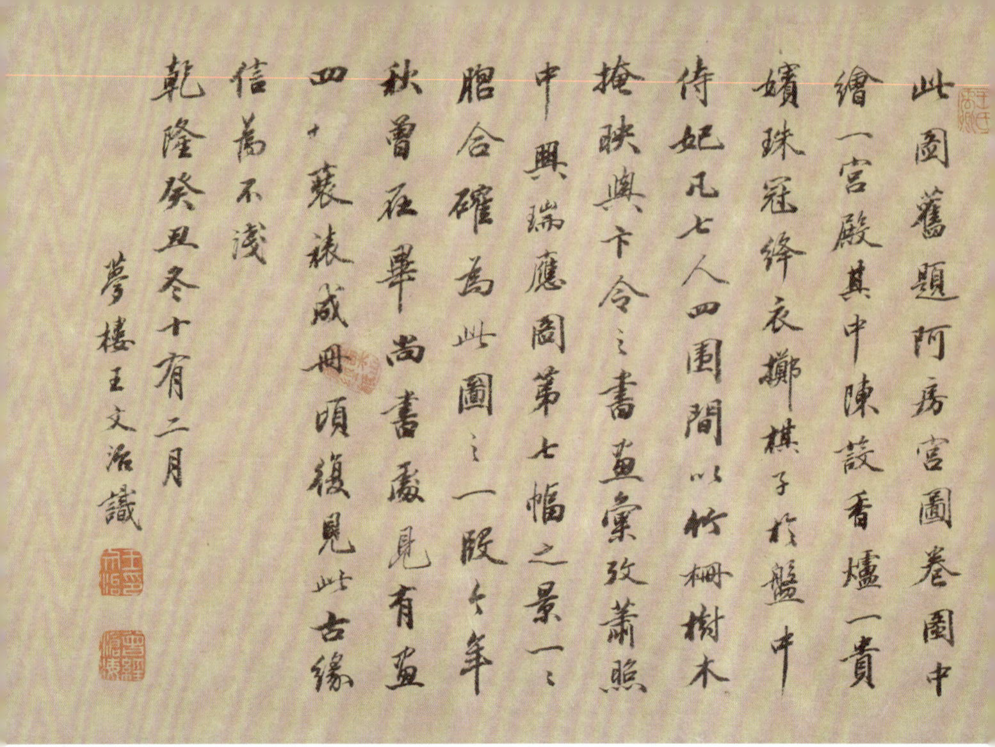

不过好日子没过多久，到了第五幅，描绘了康王出使辞行时的圣瑞神迹。此时赵构又被宋钦宗派去金营议和。不过这一次，除了前后随行仪仗以外，在康王赵构的身后，多了四名执枪戟弓箭者。但是，在场之人只有一个小女童能够看到，所有大人均无法见到。显仁皇后听说后，表示这可能就是四圣显灵，定能保佑赵构平安！

这次出使对赵构的影响十分深远，原因就在第六幅图画中。赵构出使途经磁州，此时磁州守备是后来的东京留守宗泽。宗泽恳求赵构止步于磁州，并请他谒拜崔府君庙。赵构虽未同意但毕竟停驾于磁州，磁州当地百姓听说这次又是去议和，气愤不已，将队伍中的赵构副手王云拉下马来活活打死在赵构眼前。同时，宗泽并未强硬阻拦，而是希望借此唬住赵构，以示北方百姓的抗战之心。但是，聪明反被聪明误，这次事件对赵构的打击是重大的。这是一起彻彻底底的“民暴”事件，它让当时养尊处优、讲礼知节的康王赵构认识到，原来天下并不都是读圣贤书、讲究礼义廉耻的样子，还有像这样的“暴民”充斥在自己的国家里。这些人目无法纪，堂堂朝廷命官，说打死就打死，甚至是在宗室亲王的眼前，毫不避讳。而宗泽，作为磁州守备，当时的第一长官，竟然不加劝阻，居心何在？这次事件使赵构意识到，老百姓是不可靠的，武人也是不可靠的。这就似乎可以解释，为什么南宋建立之后，韩岳诸将领想要北伐是如此的费劲，而如秦桧之流说点什么，高宗多会采用。因为从他二十几岁起，就深深地意识到了，武人和战争，对于他自己的伤害，远比他以为的要重。

从第七幅开始，后面的连续四幅图都通过一些“瑞应”故事来说明康王赵构是继承大统的不二人选，表明赵构“福大命大”，他来继承宋室江山是顺天应命的。

而到了第十一幅，则讲述了赵构自磁州回程的一个时刻。画面上的故事很简单，说是赵构回程时路过一条大河，当赵构走过的时候，河水本来上冻结冰，赵构得以渡河。才刚上岸，冰面上突然开裂，冰消雪融，变成了一条湍急的河流。演义中的“泥马渡康王”则精彩得多：赵构自北国返回，路遇一庙，本欲安息，夜里突然听到有人大喊："快起身！速有追兵至！"于是赵构急忙起身夺门而逃，见庙旁有一马，也不细问便翻身上马飞奔而走。身后追兵将至，至大河，马负赵构，入其中强渡，而追兵不见其踪。至对岸，赵构下马。赵构虽已脱身，但不敢松懈，仍向前行。步入林中，有一古庙，匾上书"崔府君神庙"。旁有泥马，浑身湿漉，康王惊曰："泥马湿漉，怎不腐化？"语毕，泥马即化。康王始知有神灵护佑，入庙乃曰："若果然复得宋室江山，那时再与你重修庙宇、再塑金身也。"

最后一幅画，则是靖康之变以后，赵构为北方兵马大元帅，一日营中小憩，梦到钦宗将黄袍加诸其身。至此，赵构完成了从"神童"到帝王的身份转变。而历史上，兵马大元帅一职，也确实是他登基之前的最后一份"工作"了。

这幅画卷完成于宋孝宗乾道年间。画作中除了体现宋高宗的种种"神迹"以外，还透露出了高宗皇帝自己心中永远挥之不去的隐忧——对自己继位不正的担心。宋高宗不是宋钦宗的孩子，他是钦宗的兄弟，徽宗的子嗣，是金人扫荡了开封宋室宗亲后的独苗。宋高宗自己也没有孩子，宋孝宗不是"父死子继"下的上位，而是高宗仍在时的"禅让"得位。因此"得位不正"这四个字，像一根刺一样永远扎在宋高宗的心里。这根刺，可以解释很多宋高宗继位后的行为。因此，为了打消人民对他是否"正统"的怀疑，获得自己确是钦宗"亲传"的影响力，让每个人都相信，都确信，宋高宗预谋已久。

事实证明，他成功了，没有人会怀疑他的“正统性”，孝宗继位后对他的维护也证明他没有看走眼。但在他的心里，这根刺，能否被拔除掉，则永远成了一个谜。而这幅《中兴瑞应图》，或许让我们看到了高宗皇帝退位之后内心的纠结和恐惧，那是无法通过时间流逝而慢慢抹除的刺痛。

李嵩
三朝老画师

《货郎图》宋人的“购物车”里有什么

“哎，瞧一瞧，看一看了啊，走过路过不要错过了啊！咱这儿有南来北往的新鲜玩意儿了啊！针头线脑，布偶玩具，铜铁锡器，文具物件，戏剧糖果，影戏线索，南北杂货，诸般物事，都在担里了啊！”

“哎，小二子慢点跑，别摔着！”

“呵呵，没关系，慢点慢点，都有份儿啊，都有份儿，都别着急！”

“哎，叔叔叔叔，看我看我！”

“都有都有啊，别急别急！”

“小官人且慢些，你这里可有些棉麻丝线？近日来天色不定，家里线卷都不多了。”

“啊，小娘子慢来，俺这里棉麻丝线都有的，看小娘子需要什么颜色？”

“嗯，黑白双色确是必需，另外红、蓝色也需来些！”

“好好，小娘子慢挑，俺这里还有其他物什，且慢看。”

“哎，你这汉子忒也无理，奴家在这儿站了好一会儿，都不招呼一声。”

“哦，小娘子莫生气，你看这拨浪鼓如何？送给你家孩子玩耍可好？”

“哼，这便饶了你。哎汉子，你这里可有什么笔墨之类的物什？俺家官人最近也不知是发了什么邪，又是练字又是画画，说要去寻什么夏圭为师，入那临安画院。想那皇家的画院是那么好入的吗？又说什么李唐年近五旬还能成为画院待诏，害得家里近日纸墨皆少。快拿出来，免得他又要唠叨。”

“是是是，小娘子莫要动气，俺这里有上好的纸墨，都是物美价廉的品种，看看需要多少？”

“嗯，放着吧，俺还要看看别的。”

“唉……”

“这位娘子可有心事？”

“哎，听得她言，想起自家官人投军去了，已有多年，也无音信。现在这江北兵荒马乱，也不知官人是否安好。不过想来，那刘太尉虽打仗粗糙，却能逃命，不然也不会号作“长腿将军”了。投了刘太尉的军，或许难立战功，保全性命却当是无碍。”

“这……俺可知娘子官人名姓？”

“官人姓张，名永珍。”

“啊这……”

“怎么了？可是官人出了什么事儿？”

“这……俺在北方听说，官家在淮河组织了一场阻击战，由韩世忠韩太尉，张俊张太尉联手，在淮河上打了好大一个胜仗，把金兀术堵在了北岸。虽说也折损了些兵马，却是近年来最好的一次战斗了。只是据说……有一队不过二三十人的队伍，是从北岸刘光世太尉那边拆出来的，淮河战场上拼了命烧毁金国船只、浮桥，让金人强渡淮河的战术彻底失效。最后只有一人逃回，却也身负重伤，不治而亡。官家亲往祭奠，追封协忠大夫。这人就唤作……张永珍……”

“……既是如此，奴家知道了。多谢小官人告知。走啦走啦，孩子们回家去吧。”

“小娘子节哀！”

“哎，汉子，俺这里挑好了，这些钱只管拿去，不必找了。那小娘子怎么了，你可惹她了？”

“俺哪里敢做那事。却是她家官人投军之后再无消息，哪知前日淮河大战，他家官人搏命死了。虽说官家答应了追封和荫赏，可毕竟是一条命没了。这战争也不知什么时候是个头，又有多少似她这般，失了依靠。”

“唉，着实可怜，这么看来，俺家官人还算好，起码在乡里，还能有条命在。行啦，孩子们走吧！”

“不嘛不嘛，还要玩，还要玩！”

“是不是又要讨打？快回家去！”

货郎，是古代商品经济产生后的行当，是商人的一种。中国古代对商人极其不友好，所谓士农工商，商是自由民的最下一等。又说“无商不奸”，仿佛成为商人都是偷奸耍滑之徒一般。但是又不得不承认，商人的存在，为整个社会、历史的推进都做出了重要贡献。

宋代作为中国古代商品经济最繁华的时期，可以说是物资极其丰富。行商坐贾随处可见，张择端的《清明上河图》中，也描绘了许许多多的商家，甚至还出现了牙行（即中间商、中介），靠从两头抽取佣金为生。可以说，宋代极大丰富了“商业”这个行业的品类和行当。

货郎作为走南闯北行走于乡间的“游商”，在为广大群众带来“东西”的同时，也起到了传递信息的作用，虽然有时也只是道听途说，聊作谈资罢了。

在中国古代，尤其是宋明两代，“货郎图”颇多见于绘画。每一位货郎身背重担，挑着各种物件，据《梦粱录·诸色杂货》载：“时时有盘街者，便可唤之……并挑担卖油，卖油苕、扫帚、竹帚、筅帚……及文具物件如砚子、笔、墨、书架、书攀……与各色麻线、鞋面、领子、脚带……及小儿戏耍家事儿，如戏剧糖果之类：行娇惜、宜娘子、秋千稠糖、葫芦、火斋郎果子、吹糖麻婆子孩儿等……及影戏线索、傀儡儿、狮子、猫儿。又沿街叫卖小儿诸般食件：麻糖、锤子糖、鼓儿饧……茅洋、跳山婆、栗茅、蜜屈律等物，并于小街后巷叫卖。”据说，货郎担上的物件可以超过 300 件，对于古代的乡村生活来说，真可以说是个“移动超市”了。

作为民俗画的代表，《货郎图》也为研究者提供了新的思路和参考。这些让人眼花缭乱的物件，虽然今天已多不见，也无法获知其具体用途，但却真实地记录了当时百姓的生活场景，成为历史学家、民俗学家们不可多得的珍贵史料。

《骷髅幻戏图》傀儡绎生死

夕阳斜下，城外五里堠。

咔嗒、咔嗒、咔嗒……官道上，一根扁担在一个看不清形体的物事上晃来晃去，缓缓前进。身后一位美妇人，怀抱婴孩，跟随在后。

“娘子，且在此处稍息，晚些再进城落脚，可好？”那妇人也不搭话，便驻足停住，扭过身去。而那挑着扁担的物事，走到近前，才露出形象。却是好大一个骷髅，只有骨，没有肉，只有架，没有形，而刚刚那“咔嗒咔嗒”的声音，正是脚骨与地面碰撞之声。且看这骷髅放下扁担，取出担中什物，赫然是一只小小骷髅，上悬发丝，有木架连接，正是傀儡一类的玩具。但见大骷髅席地而坐，一条腿蜷起，一只胳膊撑着腿，随手拨弄着小骷髅。口中吆喝：“走过路过莫错过，傀儡幻戏有绝活。看官您也随意坐，看我一趟滚地锣。先是少林拐子腿，然后武当太极拳。小小傀儡小小戏，您要是喜欢呐，您赏个饽。”

可巧，一位小妇人领着自己孩子路过，小孩子见傀儡好玩，也不惧骷髅形骇，便要伸手去够，小妇人在后忙跟着劝阻，许是怕孩子受了惊。可那孩童兀自不理，随着傀儡身形变幻也随着左右摇摆，甚是开怀。而那大骷髅见状，也不着急，只是配合着节奏随意摆动着小骷髅傀儡。身后的美妇人正喂着孩子吃奶，只是默默注视，更无言语。

过了一阵，天色愈晚，小妇人领着自己孩子归去，大骷髅收起傀儡，将扁担整理好，重新担在肩上，偕美妇人向城里走去。这五里堠处，又恢复了平静，只有官道上“咔嗒、咔嗒、咔嗒……”的声音，从这里渐渐远去。

《骷髅幻戏图》为南宋李嵩的名作，这图初看骇人，以傀儡逗婴孩儿。但是，骷髅在宋元时期是画家们常画之物，所谓“傀儡戏”，可以说是现代木偶剧的雏形，从设计到操作都与现在的木偶并无二致。而宋朝崇信道教，道家齐生死与佛教顿悟寂灭思想中，骷髅都不是可怖之物，而只是人体的另一个形态，与人无异。

这幅图画面左侧以大小骷髅为中心，与画面右侧的妇人小孩儿相对称，正体现出画家对生死之事一视同仁。而小骷髅与小孩子互相伸手的画面，也产生了一种生死轮回、交汇、转化的奇妙感。最左侧的美妇与婴儿，则为画面增添了一丝温馨和生机，且美妇人神态从容，并无疑惧。这怀中婴孩或许也正是大骷髅的生命寄托，所谓“新生”呢？那这幅图画难道只是借骷髅与人物的对比来表达作者的生死观？让我们再来看看细节。

最惹人注目的当然是大骷髅，通过扁担上的事物，我们可以知道大骷髅是一位“货郎”。所谓“卖货郎”就是挑着挑儿四处卖玩意儿的商人，往大了说叫“商人”，往小了说只能叫“贩夫”，他们的特点是辛苦奔波，小本买卖。这从画面里扁担上的纸伞和草席就能感受得到。可这时，我们又会发现，骷髅头顶幞头，身着单衣，虽然这单衣看上去并不粗糙。在宋代，差役和小贩常穿黑白衣，虽然衣物用料不差，但是身份低微可见一斑。再细看，大骷髅手中的小骷髅，被一个“王”字的木架所支配，那么或许我们也可以联想到是不是大骷髅身上，也有一个木架在支配它呢？

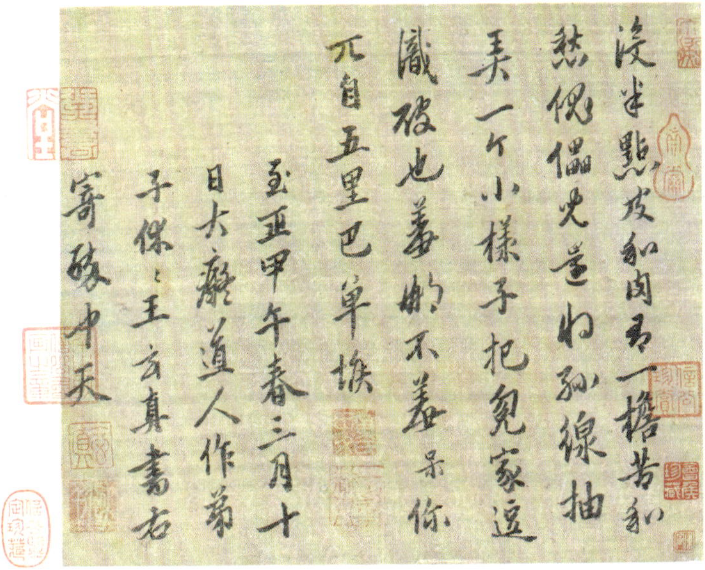

再来看与傀儡相对的小孩子。一身白肉，浑圆可爱，与傀儡骷髅正成对比，一骨一肉，一灰一白，一个被提线摆弄，一个满是自由。而画家在这里最巧妙的构思，就是将两个角色的手都向对方伸去，好似一个勾魂摄魄，一个浑然不知。这也促使画面里的另一对反差的出现，即小妇人与美妇人，一个连忙伸手阻拦，一个默默注视静观其变。同是母亲，同在抚养孩童，一个畏死一个淡然，可以说这里的对比，使整个画面看上去外松内紧，玄机四伏。

那么这幅图画，到这里就结束了吗？当然没有。大骷髅身后的“五里堠”，通常位于城郭之外五里，属于地标性建筑，这也透露出货郎们生活辛苦，南北奔波的辛劳。而这城关，也恰似一道分割线，一道生与死的分割线，一道鬼门在左、生命在右的分割线。

在这幅《骷髅幻戏图》的右侧还有宋末元初著名画家黄公望作的一首小令：没半点皮和肉，有一担苦和愁。傀儡儿还将丝线抽，弄一个小样子把冤家逗。识破也羞哪不羞？呆你兀自五里已单堠。这首小令将耍傀儡戏的货郎的心酸透露无疑，不光生活辛苦，还要逗别家孩童笑，一旦有朝一日被揭穿识破，还需远走，换乡再演出。《太平广记》曾记载元和初年，在集市上有个穿麻衣卖艺的小女孩，功夫很厉害。忽然有一天，一个小男孩儿上去扯下她的麻衣，露出一具青竹支撑的骷髅。

一幅图画，两副面目，三对冲突。李嵩《骷髅幻戏图》里的故事还没有讲完，或许还有更多的秘密在等待我们去发现。

《观灯图》商人的“狂欢节”，古代的“情人节”

东风夜放花千树，更吹落、星如雨。宝马雕车香满路。凤箫声动，玉壶光转，一夜鱼龙舞。

蛾儿雪柳黄金缕，笑语盈盈暗香去。众里寻他千百度，蓦然回首，那人却在，灯火阑珊处。

这首辛弃疾的《青玉案·元夕》，描绘了一场发生在南宋年间的元宵节灯会。由上阕盛大的灯火点亮满大星光，转到下阕夜里寻香，而“蓦然回首，那人却在，灯火阑珊处”成为千古传唱的名句，一场美妙邂逅的开始，留下了一个开放式的结局。尽管有人说，“那人”未必便指一名异性，也可能是作者代指。但不论哪一个说法，元宵节上元灯会作为古代一场盛会，都留下过许多动人的故事，那曾经“蓦然回首”的，也不会只有辛弃疾一个人。

元宵节是我国的传统节日，而元宵节张灯的习俗也是由来颇久。据说在东汉明帝时便已经成为官府行为，不过那时还是为佛教的传播，直到唐代才正式定为国家节日。而那些官府的行为不用细说，只说这民间，借着元宵节张灯的机会，经常进行着一些人民喜闻乐见的活动。

余光中说过，外国的情人节在 2 月 14 日，咱们中国的，就是正月十五。正月十五元宵节，是中国古代女子仅有的可以出门“看人”的机会，也是很多文艺作品中，男女“幽会”的绝妙时机。各种月下定情，趁夜私奔，基本都发生在元宵节这天夜晚。而写“去年元夜时，花市灯如昼。月上柳梢头，人约黄昏后。今年元夜时，月与灯依旧。不见去年人，泪湿春衫袖。”（《生查子·元夕》）的欧阳修先生，想必元宵夜过得并不顺利，去年还相约过的人儿，今年就不再来了，也不知是不是心有所属，还是看清了现实，去听了那“父母之命，媒妁之言”，总之自己是再也见不到了。

除了是男女约会的日子以外，上元灯会历史更是悠久。赏月观灯，从隋代便已经出现，隋炀帝曾赋诗："法轮天上转，梵声天上来。灯树千光照，花焰七枝开。月影疑流水，春风含夜梅。燔动黄金地，钟发琉璃台。"（《元夕于通衢建灯夜升南楼》）据说这场元宵灯会表演者达三万余众，光奏乐者就达一万八千多人，真可谓是"盛会"了。到了唐代，唐玄宗开元盛世，长安灯会之盛大，不仅令宵禁放开，还特意放假三天，让人们上街赏灯。到了宋代，从李嵩这幅《观灯图》上我们也能略窥一二——这是一个属于女性和孩子的节日，大家都出来玩耍嬉戏，尽情享受着节日的欢快氛围。

宋朝对于元宵灯会的重视，可以说是历代之最了。不仅假期比唐代多了两日，官府更是从冬至便开始准备。《东京梦华录》记载："正月十五日元宵，大内前自岁前冬至后，开封府绞缚山棚，立木正对宣德楼。"挂花灯用的山棚，由开封府公家设立，正对皇宫宣德楼。"至正月七日，人使朝辞出门，灯山上彩，金碧相射，锦绣交辉。面北悉以彩结，山沓上皆画神仙故事。"到了正月初七，人们便早上出门，为山棚上添置的各色花灯上彩绘色。到了灯会开始的那天："自灯山至宣德门楼横大街……纸糊百戏人物，悬于竿上，风动宛若飞仙。内设乐棚，差衙前乐人作乐杂戏，并左右军百戏，在其中驾坐一时呈拽。宣德楼上，皆垂黄缘，帘中一位，乃御座。用黄罗设一彩棚，御龙直执黄盖掌扇，列于帘外。两朵楼各挂灯球一枚，约方圆丈余，内燃椽烛，帘内亦作乐。宫嫔嬉笑之声，下闻于外。楼下用枋木垒成露台一所，彩结栏槛，两边皆禁卫排立，锦袍，幞头簪赐花，执骨朵子，面此乐棚。教坊钧容直、露台弟子，更互杂剧。近门亦有内等子班直排立。万姓皆在露台下观看，乐人时引万姓山呼。”可以说，宋代的元宵灯会是一个普天同乐的日子，皇帝与前来观灯的市民们，一同观看各种表演。那些演奏的乐人们，就仿佛今日的气氛组一般，不时地招呼大家山呼万岁，表达对皇上的感激之情。从这个角度看，宋代皇帝也算相当接地气了。

据说宋仁宗有一次在宣德楼上津津有味地看了一场“女相扑”，还被当朝宰执司马光一顿批评（《论上元令妇人相扑状》）。不过，这项活动在《东京梦华录》中没有记载，或许就是在司马光批评之后被仁宗皇帝给取消了。而到了南宋的《梦粱录》中，女相扑又被重新记录，甚至还有关于比赛选手的各种诨号流传，也算充分反映了宋代市井生活的变化。

而在徽宗朝，还发生过一段趣事：（京师）自腊月十五日放灯，纵都人夜游。妇人游者，珠帘下邀住，饮以金瓯酒。有妇人饮酒毕，辄怀金瓯。左右呼之，妇人曰：“妾之夫性严，今带酒容，何以自明？怀此金瓯为证耳。”隔帘闻笑声曰：“与之。”（《凤皇枝令》）说是正月十五元宵节夜里，有一个妇人夜里逛完，回去路上看宣德楼皇帝摆酒，这妇人就上去喝了一杯，喝完不算，还把杯子揣起来想带走，守卫不干啊，过来要把她带走，那妇人说道：“我家里丈夫管得比较严，现在我喝了酒了，回家没法交代，所以想拿这个杯子回去证明一下。”这时在旁边的珠帘后面传来笑声，并说：“给她吧。”

那个嗤笑的人，就是宋徽宗。这个故事，被万俟咏记录下来，写在曲中。而在过了不到百年的《大宋宣和遗事》里，这件事被绘声绘色地写成了话本，可见一派其乐融融。

尽管《大宋宣和遗事》中的故事描绘得十分生动，但仅仅过了三年，靖康之变发生，汴京陷落，徽、钦二帝北狩。当年陶醉于“金瓯仙酿”的汴梁市民，或流离失所，或跟随宋室南渡。昔日旧京繁华，也只能出现在梦里了。

《听阮图》秦琵琶的起源与消失

落盘珠历历，摇佩玉铮铮。似劝杯中物，如含林下情。

“来来来，悫士啊，喝酒喝酒！”

“哎，乐天，你醉啦？”

“不会不会，这才几两酒水。”

长安城一座酒楼之上，时任太子少傅的白居易与当朝尚书左仆射令狐楚正在把酒言欢，尽管二人都不年轻，但在酒精的刺激和卸去官场的防备后，二人神色都渐渐地放松了。

酒过三巡，菜过五味。两位当朝大臣都有些醺醺然。这时，房门“吱扭”一声被推开，款款走进来一位妙人，只见她举止娉婷，袅袅娜娜，怀抱着一把乐器，施施然走了进来，一个万福之后，便寻了把椅子坐下。

“小女子闻得两位大人在此畅饮，思来有酒无乐难以尽兴，恰巧小女子曾学过些不常见的乐曲，便自告奋勇，来为二位大人助兴。”

白居易和令狐楚二人正在寻思这是哪里来的孤女，听了此言，令狐楚先行开口：“你这姑娘胆子倒是不小，不过，既然有心，便有劳姑娘了。想来你知道我二人在此，必也知道我二人名姓。喏，瞧见了吗？咱们这位白大人最是爱才，若是奏得好，说不得要劝一劝白大人收了你，免得你再到处流落。”

“多谢大人！”女子再一欠身，算是行礼道谢。

白居易正是酒酣，摆一摆手，示意女子开始。

女子摆正身子，举起乐器，十指翻飞，好不

热闹。随着女子手指的舞动，一首蕴藏古韵之风的乐曲缓缓地奏了出来。

白居易和令狐楚都是风雅之人，怎能不懂音乐？这一首古乐府奏出，二人的酒几乎都要醒了。而随着曲调或高语或低诉，二人的神情也跟着变幻。直至乐曲终了，渐趋平静，两位大人的情绪才慢慢回落下来。

一曲奏罢，半晌，白居易掇起酒杯，一仰头，猛地一口，将杯中酒尽饮，却轻轻放下，令狐楚仔细观瞧，发现白居易持杯之手，竟有丝丝颤抖。

“姑娘，恕在下刚才无礼，敢问姑娘这是何等乐器？刚才所奏又是哪般乐曲？”

“大人言重了，此物唤作‘阮咸’。刚才所奏，不过是汉代乐府所流传下的一首罢了，并无名字。”

“竟是这样，这曲中似有丈夫出征之事，又有闺阁儿女之情，想来曲中所讲，定是一个用情至深的人间故事。”

“大人情通天地，正是知音之人。”

“姑娘身负此曲，想来也是天涯之客，在下那区区小园，莫得污了姑娘的清净。且去吧，这是曲酬，姑娘拿去，将来若有用得上我二人的，便可捎过话来。或许我二人这风烛残躯，能为姑娘指引一二。”

“多谢大人。”姑娘欠欠身，一个万福，行礼起身便拿起桌上银钱，推门而出，翩然而去。

阮咸，简称阮，始于秦汉，盛于唐宋。阮咸可以说贯穿了整个中国古典音乐史，是中国传统的拨弦乐器。在秦汉之际，阮咸被称作“秦琵琶”，相传昭君出塞弹的就是它。魏晋时期“竹林七贤”的阮咸善于弹它，而到了唐代，从阮咸墓中发掘出了铜琵琶，为了与当时已经盛行的由西域传来的曲颈琵琶有所区别，便将这把直颈的从阮咸墓中发掘的铜琵琶改称为“阮咸”。如今，唯一一把唐代琵琶藏于日本奈良东大寺的正仓院库中，保存完好，称为“螺钿紫檀五弦琵琶”。同时，还有一把唐代阮咸也保存在那里，称为“螺钿紫檀阮咸”，两者一曲颈一直颈，差异一望便知。

到了宋代，阮咸被简化为“阮”。宋太宗赵光义将原本四弦的阮咸增为五弦，却只称作“五弦阮”，“阮”这个名字便从这里而来。明清两代，阮逐渐被遗忘，首先被遗忘的是制作方法，然后是演奏手法，最后才是乐器本身。近代以来民乐团所使用的阮，多是经过改良的产品，已经并非古阮原貌了。

李嵩的《听阮图》，描绘了一位高士坐于榻上，左腿蜷起，右手执拂。他的正前方是一位正在为香炉添香的丫鬟，榻上还摆放着书籍和瓷器，似乎是要随手把玩。而在他的左前方，一位女子怀抱阮咸，于坐墩上演奏，似乎想吸引高士的注意力。而高士身后，不远处有一些陶瓷古董、鼎樽古籍，似乎有一把似琴瑟一类的乐器在地上；身侧一位侍女许是刚刚整理完毕，正在往高士处走去，身姿嫣然。画面下部，有侍女手执长扇，为主人扇凉屏晒，一派悠闲清净之景象。

以聆听乐器演奏为主题的画作，在中国古代绘画中十分常见：有描绘徽宗的《听琴图》，比这幅图更出名的是他在图上的钤款；有顾闳中的《韩熙载夜宴图》，画面中有听乐观舞的场景。李嵩作为一名南宋画家，在经历二圣北狩、金兵戮城的情况下，心中难免有波澜，对南宋朝廷偏安一隅的情形，心中未必就没有想法。因此，以“听阮”为主题描绘的承平年岁，也许正是李嵩对南宋官场懦弱无力的抗争与讽刺。

《赤壁图》苏轼与乌台诗案

“滚滚长江东逝水，浪花淘尽英雄。是非成败转头空，青山依旧在，几度夕阳红。”明代文学家杨慎的这首《临江仙》，仿佛把我们带回到那个英雄辈出的三国时代。词中的“滚滚长江”，则成为三

国历史上最重要的舞台。在这里，不仅有成就了三国鼎立的赤壁，更有保证了三国鼎立的猇亭。那些长江水流淌过的历史，都成了文人们津津乐道的故事。

赤壁是三国时期最重要的战场，赤壁之战孙刘联盟的胜利，一举挫败了曹操南下的气焰，奠定了三分天下的局势。这场战役与之前曹操袁绍官渡之战，之后刘备孙权夷陵之战，一起被封为三国时期“三大战役”。而赤壁之战作为承前启后的关键战役，历史地位不言而喻。孙刘联盟以弱克强，机智谋略层出不穷，也让赤壁之战成为众多文人创作的题材。北宋苏轼的《赤壁赋》《后赤壁赋》和《念奴娇·赤壁怀古》，更是“赤壁文学”无法绕过的高峰。

同样的，艺术领域里“赤壁”也是绘画等方面的重要母题。自苏轼的几篇大作问世以后，“赤壁”题材便被分为两大阵营：赤壁图与赤壁赋图。宋代画家李嵩的这幅《赤壁图》，就属于前一阵营的作品。《赤壁图》以描写赤壁景色为主题，或借托《赤壁赋》对于景色的描写，但不表达《赤壁赋》主题和思想，从一定角度来说，属于风景画而非文人画。

李嵩的这幅《赤壁图》，采用了南宋典型的“半边一角”风格，整幅画面大面积留白，用以表示天与水。峭壁北立，礁石南耸，汹涌波涛下，一叶扁舟载着三位文士顺流而来，船家用力把住桨橹，稳住船身，一红衣文士侧身回头望向江边峭壁，悠闲的身姿似乎乐在其中。而另两位文士则面色苦楚，似乎对江水汹涌不甚适应，心中惴惴不安。

画家用繁复线条勾勒江水，不着色，计白当黑，让观者看到线条也能感受到江流奔涌，江水险恶。应是用了那句“乱石穿空，惊涛拍岸，卷起千堆雪”作为灵感，与其他画家使用的“清风徐来，水波不兴”或“江流有声，断岸千尺”均不相同，其中也蕴含了画家心中激荡的情感。

不过，说到赤壁，历史上对于赤壁之战的地点到底在哪里，众说纷纭。而被大家所公认的，集中在“蒲圻赤壁”与“黄州赤壁”两处。经过考古发掘与古籍对比，“蒲圻赤壁”在地理上最符合条件，不仅出土了大量的东汉三国时期的兵器，其北面的“乌林”也成为重要的证据。赤壁矶上气势雄健、遒劲苍古的楷书“赤壁”，相传为东吴大都督周瑜手书。如今这里已经成为湖北省第二批文物保护单位，确定为“赤壁之战遗址”。

那么，黄州赤壁呢？黄州赤壁的声名，是随着宋代文学家苏轼的几篇作品而起。可苏轼来到这里，恰是一系列的造化弄人而已。

苏轼，作为有宋一代最伟大的文学家，他的一生和一件案子有着扯不清的关系，那就是“乌台诗案”。“乌台”指御史台，古代封建帝王专门设置的监察机构，这件案子由诗而起，因此称为“乌台诗案”。“乌台诗案”发生在苏轼 44 岁时，这个案子差点要了他的性命，也令苏轼的政治生涯急转直下，但同时让他的文学造诣迅速抬升，也可以说是“塞翁失马”吧。

这件案子的背景是宋神宗时期的“王安石变法”，作为一场由上至下的变革，王安石力图挽救当时的北宋状况，通过实行新法提振北宋经济，解决当时面临的一系列困境。但是，雷厉风行的新法遭到了许多官员的反对，朝廷上直接就分成了“新党”与“旧党”两个阵营，其中“新党”以王安石为首，“旧党”则以前宰执司马光为代表。那么苏轼呢？苏轼属于“旧党”里的“新党”，“新党”里的“旧党”。什么意思？苏轼不是不赞同变法，只是变法思路和王安石大相径庭。王安石是典型的“乱世重典”，一味的法家思路。苏轼觉得变法应该是“徐徐图之”的，一步一步一点点地让社会逐步转变。他并不拒绝变法，只是对方式表示不满；他也觉得应该变法，固守陈规只会让国家进一步陈腐。

因此，苏轼个人其实在新旧两党之间是都不讨喜的。这也就可以解释，为什么宋代在不杀士大夫的前提下，苏轼却是因言获罪的一个典范。随着变法的进行，苏轼逐渐觉得自己在朝廷无法立足，于是申请调任，前往杭州，先后担任密州、徐州、湖州知州。苏轼好不快活地度过了一段时间。不过这段时间里，苏轼也不闲着，在任职期间，他看到了新政执法过程中的诸多流弊，于是便形诸吟咏，进行批评和讽谏。终于有一天，台吏到湖州勾摄苏轼，押往汴京，由此拉开了长达一百零三天的“乌台诗案”序幕。

真正压垮苏轼的，恰恰是他自己写的一篇奏疏，名为《湖州谢上表》。在这篇奏疏里，御史中丞李定等人认为抓到了苏轼攻击朝政、反对新法的确凿证据，给苏轼列了四款大罪，款款致命。在汴京，等待着苏轼的是御史台一封又一封的弹劾，是一场又一场的审讯：

监察御史舒亶把苏轼写的诗一首一首分析给宋神宗听，御史何正臣向神宗皇帝上书苏轼诽谤新法。于是，神宗皇帝下狱苏轼。然而，神宗皇帝并不想杀了苏轼，除因为祖宗旧制以外，神宗皇帝自己也明白，苏轼不是要谋反的人，这些构陷之辞多半属于党争之故，因此神宗并不直接判决，而是采用了拖字诀。

一百零三天的牢狱之灾，让苏轼命悬一线，其间写下绝命诗两首，准备自决狱中。幸而狱外得苏辙、王安石、章惇、司马光、吴充、王安礼等人的轮番劝谏搭救，甚至太皇太后也曾为苏轼开言，苏轼才得以侥幸逃生，但苏轼最终以“讥讽政事”被贬至黄州，贬谪为“检校尚书水部员外郎黄州团练副使本州安置”，不得擅自离开，不得签署公文，受当地官员监察。而受牵连的二十九人，则得到不同程度的惩罚。

这场磨难，对苏轼的打击是巨大的，自此以后，苏轼成为我们熟知的“东坡居士”：他在公务之余，带领家人在城东坡处开垦荒地，贴补家用。在黄州的四年多里，苏轼写下了大量脍炙人口的诗词，除前后《赤壁赋》外，《念奴娇 · 赤壁怀古》《卜算子 · 黄州定慧院寓居作》《定风波 · 莫听穿林打叶声》等皆是此时所作。

《赤壁赋》有言：“惟江上之清风，与山间之明月，耳得之而为声，目遇之而成色，取之无禁，用之不竭。是造物者之无尽藏也，而吾与子之所共适。”经历了“乌台诗案”的苏轼，心境由是旷达，在与“新党”领袖王安石和解以后，苏轼彻底放下，终成为一代文豪，成了一个时代的旗帜。

《龙骨车图》龙骨车的构造及使用

宋朝作为我国经济最发达的时代之一，在农业机械的发明创造上也是一个辉煌灿烂的时期。在沈括所著的《梦溪笔谈》中，就记录了众多关于宋朝的新发明、新创造。而这幅《龙骨车图》，正记录了宋代使用“龙骨车”这一新生产工具时的情形，也为后人研究与复原提供了重要材料。（龙骨车因动力不同名称也不同，图上以牛为动力的称为“牛转翻车”。）

龙骨车，属于翻车的一种。翻车作为一种灌溉工具，在中国历史悠久，至少在汉代已经被使用。东汉毕岚发明翻车、渴乌，用于城市道路洒水。三国时期，魏国发明家马钧有感于当时翻车并不便捷，于是对当时的翻车进行了改造，形成了新型的“翻车”——龙骨水车。所谓“龙骨”，是指翻车上的叶板犹如龙之脊椎骨，因而得名。龙骨水车主要用于提水工作，最开始由人力踩踏进行工作，龙骨叶板作为链条，横卧于长槽中，翻车车身斜置水边。下方链轮和车身的一部分没入水中。通过动力驱动链轮，龙骨叶板沿槽刮水上升，一直到长槽顶端将水送出。如此循环，能够连续不断地把水输送到需要之处，功效大大提高。同时，翻车搬运方便，还可根据水源设置转移取水点，既能灌溉，亦可排涝。

龙骨水车轻便合理，对当时的生产力有了很大的提高，如今在南方部分地区仍有使用。不过，由于这种水车需要人力进行踩踏，在盛世当然并无不可，但是如果在乱世，人丁稀薄，巨大的水车对于老弱妇孺来说仍是一种难以驾驭的工具。因此，后世的匠人们对龙骨水车进行了改进，将劳动者从“人”，变成了如水流、牛马之类的“非人”，从另一个方面提高了生产效率。

使用牛作为畜力带动翻车，最迟不晚于唐代。虽然国内的古籍中不见记载，但是在日本古籍中却是言之凿凿。而目前可见到的国内记载，最早出现在宋代。明代黄仲昭《朝议陈君举先生偁》说：“(陈偁) 元丰五年再知泉州，岁旱，教民用牛车，汲水入东湖溉田。”北宋泉州知州陈偁在泉州教农民使用牛车，把水引入东湖中用来灌溉田地，这个牛车应该就是李嵩图上的或者类似的这种牛转水车。而泉州逐渐成为中国海贸第一港，就是这位陈偁的功劳。到了南宋，另一任泉州知州王十朋曾写下《得雨复用闻水车韵》：“蜕骨木龙忧不雨，更唤两牛眠下土。水从地底飞上田，不减在天行雨苦。庭中忽见天雨花，白衣真人游郡衙。但愿为霖莫为潦，免使泥陷羸牛车。”诗中最后的“牛车”就是牛转翻车。从诗中我们可以看出，当时泉州已然久旱，农民为了灌溉驱赶两牛去拉动翻车，使水从地底引入

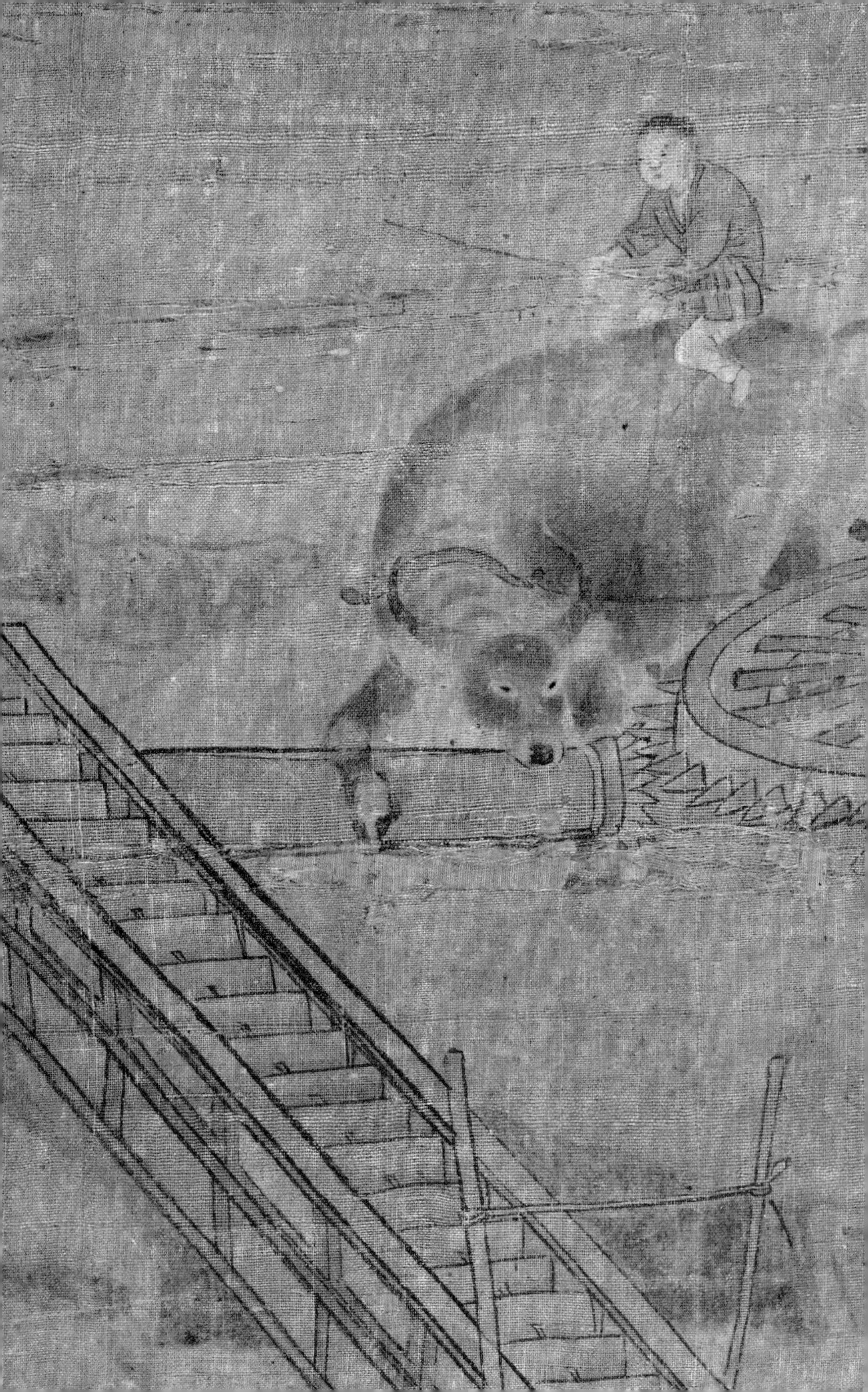

田间。其中的“更唤两牛眠下土”，是因为古人将驱动翻车的牛称为“眠牛”。“眠牛”这个称呼直到近代依旧被使用。

牛转翻车由横卧的卧轮、支撑卧轮的龙床、连接翻车和卧轮的轴拨等组成。使用方法是由牛力牵引卧轮转动，带动安装在翻车延长踏轴上的小齿轮，这样翻车就可以顺利运转，可以说是一个将回转动力转变为前后动力的装置，十分巧妙。而如果当时没有牛可以使用，那么在卧轮上叉置扁担，也可以通过人力进行转动。整个装置并不沉重，设计之精巧充分体现了中国古代劳动人民的经验与智慧。

宋代许纶作《题车盘图》：“牛磨人俱转，车旋水即流。争如霖雨足，所至息人牛。”由于卧轮的运行方式十分像石磨，因此这首诗所指的“车盘”应该就是牛转翻车的卧轮。而通过这首诗，我们也可以知道，在运行牛转翻车的时候，人是坐在牛身上的，所以才是“牛磨人俱转”。

李嵩并不是唯一画“龙骨车”的画家，南宋宁宗朝的马逵曾绘《柳荫云碓图》，这也是一幅以龙骨车为主题的图画。乾隆爷甚至在该图左侧的册页上题诗云：“柳阴结茅棚，运水更驱牛。云碓舂艰食，农民乐登秋。斯乐岂易得，祈年几许忧。”《柳荫云碓图》中的牛转翻车与李嵩《龙骨车图》中的牛转翻车造型大同小异，甚至在对比更多的资料后可以发现，龙骨车（牛转翻车）从问世起，造型便已经固定，哪怕是明代《天工开物》中的“牛转翻车”，甚至与后世照相机所拍下的仍在使用的“牛转翻车”比对，结构造型，使用方法，仍是一模一样，只是大小尺寸不同罢了。中国古代链传动最早应用应该就是在翻车上，这在当时的传统农业灌溉机械动力使用上是一项重大改进。

不过，哪怕是如此被广泛使用的农具，到了后代还是有人愿意“聪明”地进行改进。元代的王祯在其著作《农书》中，曾记录了一台他自己设计的“牛转翻车”：“如无流水处用之。其车比水转翻车卧轮之制，但去下轮，置于车傍，岸上用牛拽转轮轴，则翻车随转，比人踏功将倍之。与前水转翻车，皆出新制，欲远近效之，俱省工力。”如果单看文字，或许感觉并没有与前代的牛转翻车有什么区别。但是王祯特意在后面附了一幅图。

这下连同为农学家的徐光启都看不下去了。徐光启在他的《农政全书》中说：“此却未便，水势太猛，龙骨板一受龃龉，即决裂不堪……若长流水中，不如筒车为稳。”南宋以来的牛转翻车，被人民所广泛认可。而王祯的牛转翻车，看起来只是将小轮改为大轮，工作原理并未改变。但是这种更改，不仅使得牛转翻车的制作成本变高，且工艺变动复杂，更重要的是，这大型的牛转翻车，由原来可以随时挪动的轻便工具，变成了一个固定的灌溉工具。无怪徐光启大呼“此却未便”了。

或许王祯没有亲眼见过日常应用中的翻车，又或许他见过，但是他觉得自己可以“青出于蓝”，因此做了更新的尝试。但是，市场是诚实的，一个物品的好坏，是否得到市场的认可，是决定它能否存在的重要标准。自王祯以后，除《农政全书》《授时通考》对王祯所做“牛转翻车”进行照抄外，没有其他记载能够参考，更没有实物可以进行参照。由此可见，只有适应当时生产力的工具，才能够得到广泛的应用，才能够彰显它的价值。

《明皇斗鸡图》玩物丧志？不，玩物丧国！

作为一项世界性的活动，斗鸡有着悠久的历史。这项活动在中国的先秦时代就已经被记录下来，《左传》《史记》中都有其身影。《左传》一书中记载，为了在斗鸡中获胜，参赛一方将刀片绑在鸡身上，另一方在鸡翅膀上涂芥末，可以说是无所不用其极了。而与后世相比，最初活跃于贵族的斗鸡运动，只是小巫见大巫罢了。

唐朝开元年间（713 年—741 年），是中国古代历史上为数不多的国力鼎盛时期，在这个富裕昌盛的时代，人民生活富足，国家安定。因此，各种游艺项目层出不穷，斗鸡作为传统游艺也达到了斗鸡历史上的巅峰。

唐代统治者历来喜欢斗鸡，唐明皇更不例外，作为一个才华可以与后来宋徽宗比肩的帝王，唐明皇除开设了梨园（训练宫廷乐工的机构）以外，还做过一件荒唐事，这件事也常常被人们拿来与宋徽宗相提并论，甚至被人写成歌谣传唱：

生儿不用识文字，斗鸡走马胜读书。贾家小儿年十三，富贵荣华代不如。

能令金距期胜负，白罗绣衫随软舆。父死长安千里外，差夫持道挽丧车。

贾昌，一个目不识丁的守卫之子，放在历朝历代都可能只是泯然众人的“某甲”，但就是这么个人物，凭着“斗鸡”这项天赋，成功逆袭翻身，进入宫廷，成为皇家驯鸡师，走上人生巅峰。

传说贾昌家住东云龙门，父亲贾忠是唐明皇卫属。贾昌七岁的时候发现自己能听得懂鸟语，也爱斗鸡，但是因为家里穷，自己买不起，于是就雕了一个木的。十三岁的时候，贾昌正在摆弄木鸡，恰巧被出游的唐玄宗看到，唐玄宗认为这个孩子有天赋，就带回了宫中。唐代的皇帝都喜欢斗鸡，唐玄宗尤其爱。他在宫中盖了个院子，专门养鸡、斗鸡，贾昌就被授命在院子里训练这些鸡。不得不说，贾昌确实有两把刷子，他一到这个院子，鸡就都聚拢过来，他说东，鸡不奔西，对他言听计从。

随着时间的推移，贾昌凭借训练斗鸡的技巧和战绩，日渐显贵。唐玄宗时期，每年的各大节日，都要举行斗鸡比赛。贾昌作为皇家御用“鸡师”自然不能缺席，更不能“跌份儿”。所以贾昌每次出场，头戴雕翠金华冠，穿锦绣襦袴，手执铎拂，引导群鸡步入中场，派头十足。等比赛完毕，群鸡赢的在前输的在后，跟随贾昌走出斗鸡场。众人前呼后拥，颇有“鸡王”之势。等到贾昌二十三岁，唐玄宗做主将梨园子弟潘大同的闺女嫁给了他，后来潘氏以歌舞重幸于杨贵妃。夫妻二人得享恩宠四十年，直到安史之乱。

贾昌的一生，被陈鸿祖写成《东城老父传》，收录于《太平广记》。整个故事以贾昌的生平为脉络，记录了唐玄宗时期国家斗鸡的风气。李嵩的这幅《明皇斗鸡图》，也正是以此为题材。但是，前面说唐玄宗宠信贾昌这件事，与宋代徽宗时的一件事常被相提并论。那么发生在宋徽宗身上的，又是怎样的事情呢？

宋徽宗，一代天才皇帝。准确地说，如果他不是皇帝，他就能成为艺术大家。艺术才分阻碍了他的皇帝道路，甚至让他送了命。但是，这份才分令其他的一些有才之人得以平步青云，最著名的当然是蔡京，一手好字成功让他跻身宰执。但是，这次的故事，却是“苏黄米蔡”中的一位——米芾。

米芾，人称米癫，从这个称号也能看出来，米芾精神状况可能不太稳定。不过也有人说这就是米芾的“行为艺术”，只是俗人不懂而已。米芾爱砚喜石，经常在路上看到某块奇石就纳头便拜，呼为“石兄”。米芾能书善画，宋徽宗十分爱才，所以封了米芾书画学博士和一个礼部闲差，以便可以经常见到他，至于如何能得到米芾真迹则令徽宗十分头疼。我们知道宋朝优待士人，不杀士大夫，米芾行为举止再疯狂，只要不是十恶不赦的那种大罪，基本都不会有性命之虞。更何况，当朝天子还是个书画天才，因此徽宗对米芾十分纵容。

据说有一次，徽宗招米芾写字，米芾上来不假思索就下笔，很快就完成了创作。徽宗看完十分喜爱，然后就听到米芾说：“陛下，您的这块砚台已经被臣用过了，不配再给您用了，请您将它赏赐给我。”徽宗知道米芾喜欢砚台，就笑着答应了。没想到米芾抄起砚台就往外跑，全然不顾砚台里还有墨汁，洒自己一身。要知道，米芾可是有洁癖的，他写字的时候旁边都得有水盆时刻准备洗手洗脸，现在他如此不顾形象，可见他有多爱这方砚台，不惜露出如此丑态。言官本要以此为由弹劾米芾，但徽宗皇帝不以为意，反而更觉得这是文士姿态，更显真性情。从此米芾在徽宗这里更得宠爱，徽宗往往会因为米芾的一幅字画便赏赐重金。

其中隐患也便就此埋下。在古代，什么人可以受封重赏？一定是大功之臣，而米芾一没有沙场浴血，二没有朝堂功名，仅凭艺术才能便得到重赏和宠爱，这让当时的文臣武将心怀不满。尤其是那些武将，宋代重文抑武，原本武将就被文臣严重压制，而现在如蔡京、米芾之流，仅凭与皇帝兴趣相投便一再封赏，将朝堂变为私人的游乐场，亡国之兆已然显现。

唐朝盛极而衰，这些游乐之物，最终都随着长安沦陷成为历史烟灰。米芾一个闲差不算严重，但如蔡京、王黼等奸臣环绕徽宗身边，投其所好，难免重蹈玄宗覆辙。李嵩作为三朝老臣，有感于此，这幅《明皇斗鸡图》便正是李嵩的借古讽今之作。

马远
残山剩水的独特画风

《踏歌图》雅与俗的双重意境

“咱们老百姓啊，今儿个真高兴！”

“咱们老百姓啊，嘿，今儿个真高兴！”

一夜秋雨刚过，空气中都是清新的味道。京城周边原本嘈杂的环境，仿佛被清扫过一般干净。歌声逐渐弥漫了整个城外山谷，几位农夫嘴里唱着歌，手上脚上还打着

拍子，从远处田埂慢慢走了过来。这些农夫许是农忙间歇来放松的吧。他们载歌载舞，边走边唱，庆贺着这一年的丰收。看来，今年的收成还是挺不错的。一位长者走在中间，另外一个农夫甚至还背了个酒葫芦，看起来睡眼惺忪，仿佛还沉醉在美酒的余味中，脸上带着笑意，走路摇摇晃晃，却是十分开心。

正所谓："宿雨清畿甸，朝阳丽帝城。丰年人乐业，垄上踏歌行。"

马远的《踏歌图》正是描绘了这一美妙愉悦的场景。画家采用自创的"一角式"布局。何谓"一角式"布局呢？就是在构图上，将所有内容都集中在"一角"，所以称为"一角式"。而马远也因此构图被称为"马一角"。

我们将这幅画左上右下对角相折，可以看出画面内容几乎全部集中在左侧，甚至是在向左下角聚拢。而全图中最灵动的部分，又都集中在画面的最底部。左侧的巨石与右侧的白云、垂柳形成视觉上的差异，也造成了微妙的平衡，底部的欢快场面和上部的阁楼深院也形成了鲜明的对比，上下相连，从虚无到实际，从空灵到欢乐，场景的变化也让氛围发生转变，使得一幅看似传统的山水画多了一丝烟火气。

这幅画中的卧石与秀峰以大斧劈皴刻画，此技法在李唐那里达到大成。其中，在细秀山峰上穿插使用些许长披麻皴。巨岩的凝重，峻峰的险峭与水纹的柔和，形成了强烈对比。柳树枝干高扬但柳条稀疏，作者提炼形象的功夫可见一斑。山间树干虬曲盘桓，树枝斜出伸展。边角几丛翠竹双钩填色，置于大笔渲染的树石之中，显得别有生机。山溪流水，用笔柔和流畅。这些对细节的刻画和用粗笔概括的描绘，形成繁简、刚柔的对比，使画面富有韵律，增添了作品的艺术魅力。

画家并没有描绘整个乡间踏歌的盛况，而是选取了几位有代表性的乡民形象。右侧的三位成为一组，最右边扛着酒葫芦的乡民步履蹒跚，也无法抬头看路，只是低着头跟随前面的乡民慢慢前行，看着他仿佛都能够闻到他满身酒味。另外两位乡民，头前的乡民兴高采烈，鼓掌高歌，而他身后的乡民手中仍拿着酒具，往嘴里继续送着酒，似乎刚才的盛会仍然没有尽兴。正中间的白胡子老汉，尽管也同样喝了很多酒，但是看起来还能在拐杖的支撑下慢慢前行。喜悦之情溢于言表，嘴上挂满了笑意，也许他还清醒，也许他已经喝醉，他回头笑着指向后面的乡民三人组，仿佛在嘲弄他们的酒量不行，尤其是最后一位爱喝又不能喝的样子，即便快站不住了，也还要扛着他的酒葫芦。他们几位的举止行为在酒劲儿的助力下，显得十分滑稽。

在描绘了这几个兴致盎然的中老年人之后，可能是觉得还不足以表达欢快纵情的气氛，马远特地在画面的左下角安排了两个人物：一个男孩和一个女孩。他们转过身来，在高处诧异地看着自己的长辈，那些平时的持重和威严怎么都没有了？可能在那一刻，他

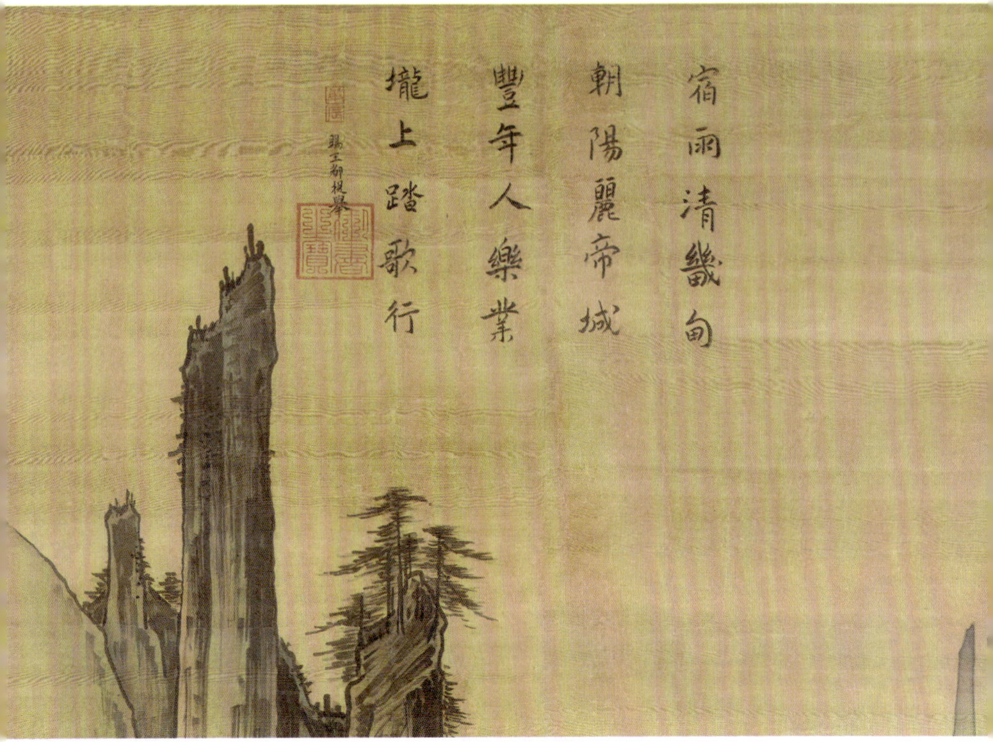

们理解了什么叫作“放浪形骸”“快意纵情”。那年纪稍大的女孩，仿佛要用手捂住嘴巴，偷偷发笑。

这三组人物左右呼应、相互衬托，将“踏歌”的欢愉情绪推向了极致。作者只画了六位乡民，却能将气氛渲染得如此充分。从他们身上，我们完全可以感受到从整个山间传出来的歌声、有力整齐踏着的节拍声以及农家欢快的笑声，充分展现了画家“以一当十”“以小见大”的艺术功力，实在是太高妙了。虽然这几个人物在

图中所占的位置很小，也很靠下，但却最为引人注目。

马远借《踏歌图》中“踏歌”庆丰收来表达“众乐”“达欢”，这也是儒家希望通过礼乐教化来构建和谐的人际关系的图像呈现。孔子说：“移风易俗，莫善于乐。”荀子说：“夫声乐之入人也深，其化人也速。”在这里，荀子将“乐”融合进音乐、诗歌、舞蹈等，形成了综合艺术，这是声音、情感、动作多方位的和谐统一。所谓“礼节民心，乐和民声”，在《踏歌图》中，我们恍若听到来自乡间田垄上的欢快音乐，酒后微醺的农夫们，由远及近一路踏节欢歌，沉浸在丰收的喜悦中。这种极富野趣的即兴踏歌，展现出一种民安政和的喜乐气氛。远景中的丛树中，若隐若现的皇宫虽然看似平静，但似乎也正在庆贺丰年。松风袅袅，寓意的是一幅君民同乐的理想图景。

马远的《踏歌图》传递了古代中国民本思想里的一个核心精神，就是年丰人乐、政和民安，只有这样的“众乐”才是理想的社会状态。

《水图》画水的教科书作品

提到水，你会想到什么？

是波澜壮阔的海面，还是簌簌而下的山泉，抑或是滚滚东去的浪花？

是维系我们身体机能的必要物质，还是那东西方的哲学思辨？

水，是什么样子的？

《孙子兵法》："兵无常势，水无常形。"

但是绘画中，水又是无法逃避之物。因此，南宋画家马远为如何"画水"特意绘制了一套《水图》，作为他对"水"之为物的理解，也对后世如何表达"水"给出了参考。

马远作《水图》，绢本，淡设色，一共十二幅，分别模拟了"水"的十二种形态。江河湖海、塘泉溪瀑，或平静或激昂，不一而足。在山水画中，山无水不秀。山是骨架，水是血脉，有山有水才使画面丰富生动。《水图》的十二幅分别是：波感金风、洞庭风细、层波叠浪、寒塘清浅、长江万顷、黄河逆流、秋水回波、云生沧海、湖光潋滟、云舒浪卷、晓日烘山、细浪漂漂。其中第一幅《波感金风》由于残缺，失去名字，但在卷后题跋中仍可寻觅。从第二幅开始，每幅图均为横 41.6 厘米，纵 26.8 厘米。而第一幅图由于残缺，只余横约 20 厘米的内容。山水画中水的画法无外乎几种，勾水连绵，勾皴结合、留白设色等。而马远这卷《水图》几乎将水的各画法都展现出来了。

不同于常见的山林楼宇、人物花鸟、虫鱼走兽，水没有固定形态，依物附形，因此自古以来可以称为画水能手的人屈指可数。苏轼在黄州时，曾写过一篇《书蒲永升画后》，在文章中，他认为世所传之董羽、常州戚氏所画不过是“死水”，没有灵魂也没有画出精髓。唐代的蜀中孙位，“所画石间奔流，尽水之变”，是得水之妙耳；然而自从他的传人死后，笔法也就失传了。不过，到了明代，《送东阳马生序》的主角李东阳则认为马远所画的才是“真活水也”。王鏊也说，“所谓尽水之变，岂独两孙哉？”可见马远绘画水平之高超。

而除了技巧外，这幅画的背后，还有一位女性留给世人以智慧。

在这十二幅《水图》中，均钤有“壬申贵妾杨姓之章”，而在这枚钤印之下，又用小字标注“赐大两府”。所谓“贵妾”，不过是皇后谦称，可知这十二幅《水图》正是由杨姓皇后所有，那什么是“大两府”？又为什么要赐给他呢？

杨氏，史称“杨妹子”，南宋宁宗皇后，尊号恭圣仁烈。她从侍女出身，一路位达皇后，可以说是非常有能力的一个女人。不过，政治之路从来都是需要“里应外合”的，外朝太学生杨次山，是杨妹子为美化出身而认的兄长，在其晋升之路上起到了关键作用。杨次山的两个儿子杨谷、杨石也因杨氏的提拔而崭露头角。过去学者曾以为，所谓“大两府”，当指宋代枢密院和中书门下。然而翻看历史，这两处只有“东西”之分，并无“大小”之别。而在赵升的《朝野类要》中，将“两府”指认为“枢密并真太尉”，因此这“两府”，便应该是同升同谪的杨氏兄弟，而其中的“大”，则指的是兄长杨谷。这十二幅《水图》，也正是与他二人有关。

杨氏兄弟的发迹始于南宋宁理二宗的政权交替时期。宋宁宗驾崩后，围绕皇权落入谁家展开了一系列斗争，其中杨皇后的意见极其重要。皇权的顺利让渡，杨氏兄弟功不可没，从此便一路高升，二人先是从节度使到开府仪同三司，再各封郡王，随后少傅、少师乃至太师，一个不落，可谓飞黄腾达。

就在二人被赏赐同为太师的时候，作为弟弟的杨石曾对哥哥杨谷说过这么一段话："吾家非有元勋盛德，徒以恭圣故致贵显，曩吾父不居是官，吾兄弟今偃然受之，是将自速颠覆耳。矧恭圣抑远族属，意虑深远，言犹在耳，何可遽忘？"对于太师的任命，弟弟杨石力辞不受，而哥哥杨谷却表露出了迟疑。毕竟太师之位，人臣之极，一个人能够位居太师，他基本上就已经是一人之下万人之上了。所以任何常人，在面对这样的封赏时，都会有迟疑。但这迟疑并非恐惧之疑，而是渴望之疑，是符合人性但又期盼理智的。如果说杨石的坚持不受是清醒明智的，那么杨谷的迟疑反而更让他像一个正常人，对权力，对荣华富贵有贪婪的正常人。

这十二幅《水图》被赏赐的时间，也正是杨氏兄弟官运亨通的时刻，可以说暗含劝诫，所以杨谷最终放弃了太师的赏赐。

以水为图，马远在图中表达了水的各种形态，而杨皇后的赏赐，或许也正是希望以水之谦冲，来让杨氏兄弟保持平和与稳定，不要被欲望所吞噬，成为权力斗争的牺牲品。

我们再来看看此图的画外之意，这种“意”可以回归到中国传统审美里对“水”这一意象的提炼上。儒家的“知者乐水，仁者乐山”，道家的“上善若水”，中国最大的两种哲学思想对水作了意象解读后，世人都沿着此脉络去加深“水”所蕴含的品性：淡泊、虚静、柔和、谦逊、包容……所以明人俞允文在卷后的题跋中写道：“夫远之画水至此，真可谓曲尽其变矣，而所谓远之旨又宁止乎是而已？是故水之性本乎顺也，故能与物为行止；体本乎静也，故能与时为消息；恬澹也，故能溥利乎庶类；虚谦也，故能弘纳乎群形；叶弱也，故至人以之体道；清净也，故廉士以之洗心；处上善而不让，居下流而不争，如衡之平，如虁之明，推其原则同出，分其地则异名。信乎，具灵长之德，为天下之尊。”他读到的就是马远《水图》的意蕴，这种意蕴凝结了中国古典哲思，也充分体现了宋画尚韵的特点。

《秋江渔隐图》窥见画家的处世哲学

马远走出钦天瑞庆宫，不少随驾的画师亦步亦趋地跟在他身后。原本大家跟着官家来道观观礼，陪着官家欣赏道观里的壁画，

可官家与张道清说得火热，说到兴头上，官家当场给画师们布置了作业。

虽然都在画院当值，可揣摩上意，谁能比“一门五代皆画师”的马远更清楚？大家都希望马远能提点提点，将官家的命题点破，也好应付了这课后作业。

可马远只背着手，低着头，慢慢走着，似乎没注意到同仁们的苦恼。他最近老是思绪沉着，不知道是不是年迈的缘故。

终于有画师忍不住，凑上去，双手作揖行礼，“马大人，行行好！”

马远抬头，从沉思中被人唤醒，眨了一会眼，才看清眼前的年轻画师。

“啊……是李大人，你何出此言啊？老朽怎么听不明白呢。”

见他应声，其他画师也不再矜持，都凑上来，大家七嘴八舌地说。听了好半天，马远才知道，方才官家在道观里出了题，让大家应题作画。他在观里看着壁画，神游太虚，哪里会有解题眉目？

“既然官家要求作一幅‘道法自然’图，各位画山水都是好手，摹人物也堪称强手，这样一幅图，手到擒来，不会有错的！大家只当平常画院绘画，直寻本心，官家只图热闹，不会以优劣责怪各位的。”

说着便举手告辞，慢悠悠地离开了道观。

马远一生以山水画闻名，尤其是“残山剩水”的“一角”风格，本身就带有很强的自然意味。官家的命题他不放在心上，近来他时常沉思，心中不知道想个什么，混沌一片，好不无奈。

他虽然是个小小的画院待诏，但却常在帝后身边侍奉，所以对朝堂之事，他也算耳目通达。近来官家采纳了韩侂胄的建议，恢复了岳飞的名声，还加以封号，尊为鄂王。主和派和主战派争吵不休，官家这一举措，明显偏向了主战派。这是又要开战了。

年轻时的马远也为岳将军的不公命运气闷过。幼年时，祖父带他登楼北望，细数南渡时的仓皇。他长在临安城，望不到东京开封府，可祖父的双眼太殷切，他知道，他需要继承祖父北归的遗志。

所以他为岳将军鸣不平。可听说岳将军平反了，封王了，他这个头发花白的老头子，内心里却没了波澜。

“了却君王天下事，赢得生前身后名。可怜白发生！”

不知不觉念起了稼轩的诗，这位北来的文人将领也颇受人赞叹，可惜，可惜！这满朝文武，在哪里去找大将之才啊！

马远长在临安城，吹惯了江南的和风，一生未曾经历过动荡，早就喜欢了这平淡自足的生活。那些主和派和他没有两样，大概也是这些心思。

他不是朝堂人物，他只是偶尔在这位年轻的官家脸上看见渴望胜利的表情。

“哎，作画，想这些作甚！”

提起笔，却不知道画什么，马远索性放下了，再次陷入沉思。官家爱黄老，他也多参看黄老著作，从他开始以道袍形象入画后，画臣画人物也多作道人形象。那羽化登仙的道家人物，曾经也是他的梦想之一！

“道人！道人！现在只剩一老朽而已！”

说着，似有灵感袭来，他连忙提笔作画。几日后，一幅人物画落成。

画面的主角是一个梳着道髻的老者，斜抱船桨，在小船中小憩。船下水波漫漫，画面右侧有几枝芦苇叶横斜出镜，笼在渔舟附近，一支鱼竿斜插在船篷上，后面一顶蓑帽随意地挂着。马远的绘画功力、创作造诣，在这幅作品中体现得淋漓尽致，对于处在静态中的人物，马远的处理已经达到了出神入化的境地。渔翁头部，眉、发、胡须的画法均采用传统线描法，但是通过对脸颊、鼻尖、眉宇、下唇、眼窝等处的晕染，使整个面部具有立体感，整体丰富生动了起来。

而对周边环境的描写，水波盈盈，芦苇荡荡，甚至是衣服的褶皱、船板的质感，都能够娴熟地用线条来表现，虽然笔画不多，但是寥寥几笔便将整个秋日萧索静谧的感觉呈现出来。也由此，这幅《秋江渔隐图》的构思，被后人所称道。

从此画，我们也可以一窥画家马远的心境，似乎自然、淡泊、平和才是他的本心。

《林和靖探梅图》携鹤赏梅的林逋

疏影横斜水清浅，暗香浮动月黄昏。

在中国流传的众多诗句中，月与梅，都是被人写不尽的景色。但是无论是哪一家诗派，哪一位评人，都不会忽视这句诗，甚至有人认为，写景写月，写梅写水，这句诗便是极致。这句诗出自宋代著名的隐逸诗人林逋。说起林逋可能大多数人都不知道，但是唤他林和靖，许是有一些人便知道了，若再说上一句“梅妻鹤子”，或许就有更多人恍然大悟——原来是他。

林逋，字君复，死后宋仁宗赠谥号“和靖先生”，因此被人称为“林和靖”，北宋著名隐逸诗人，隐居杭州孤山。关于林逋的记载，

历史上并不多见，最重要的《宋史》，将林逋并入《隐逸传》，寥寥400字便将林逋一生描述殆尽。另据说宋代有桑世昌者，作《林逋传》，可惜今已不存。

纵览林逋的一生，可以用“简朴”二字来形容。林逋有才，但不仕，他在年轻的时候曾经游历江淮，40余岁回到杭州，结草庐住在西湖孤山下。林逋家贫，但好学，性格淡泊，不趋炎附势。在古代，做“隐士”是有门槛的：“须含贞养素，文以艺业。不尔，则与夫樵者在山何殊异也。”（《南史·隐逸》）从这个角度看，林逋可以算是真正的“隐士”。他有才情，也耐得住寂寞、经得起诱惑，面对皇帝的召唤，能从容拒绝：“荣显，虚名也；供职，危事也；怎及两峰尊严而耸列，一湖澄碧而画中。”

有一次路过临江，当时有个进士叫李谘，没什么人认识，林逋对不认识李谘的人说：“这个人是个栋梁之材啊！”这大概是林逋距离宦途最近的一次。后来林逋去世，恰好李谘被夺职，当了杭州太守。于是李谘亲穿孝服，连续七日前往祭拜，将林逋下葬，并在坟内刻下诗句作为祭奠，报答林逋的识人之情。《西湖佳话》曾记载李谘在读到林逋的临终绝句后，喟叹曰：“先生真隐士也，千古之品行，在此一绝中。”

林逋不愿仕官，只是由于他的性格和志向。林逋平时也好写东西，不过写完就过了，随意丢弃并不留下，他的词“澄浃峭特，多奇句”，有人问他怎么不留下？他说：“我一个山野之人，生于天地间，我愿还于山林处，何必留下这等俗物？况且我现在都不想给自己留下什么‘诗名’，更何况后世虚名呢？”不过，也还是有好事者偷偷记了下来。不过也幸亏被好事者所记，我们现在才能看到林逋约300 余篇的诗词。

林逋一辈子没有娶妻生子。他爱梅，便以梅为妻，豢养仙鹤，以鹤为子，这便是成语“梅妻鹤子”的来源。沈括在他的《梦溪笔谈》中如是记录：“林逋隐居杭州孤山，常畜两鹤，纵之则飞入云霄，盘旋久之，复入笼中。逋常泛小艇，游西湖诸寺。有客至逋所居，则一童子出应门，延客坐，为开笼纵鹤。良久，逋必棹小船而归。盖尝以鹤飞为验也。”住在西湖边的日子里，林逋喜欢划着船到西湖边各个寺庙里与和尚们讲谈，那如果正巧碰到有朋友来拜访他怎么办？他就让家中童子把鹤放飞，林逋看见鹤，就会回来了。别瞧林逋二十年足不入城，人家还真有那么一两个城里的朋友经常来看他，入了《宋史》的，一个叫薛映，一个叫李及。

薛映刚到杭州的时候，身份是右谏议大夫，在杭州总共待了五年，走的时候，身份是银台司兼门下封驳事。可以说这五年里，薛映一路平步青云。这个李及呢，以知州身份出任杭州，个人经历比较波折，历任了各州知州，不光是杭州，还有应天、郓州、河南府。最后七十岁高龄时去世，赠礼部尚书。这二位，经常来到林逋的草庐，和他清谈整日方才归去。当然林逋的交游圈并不止于他们两人，根据林逋留下的诗词，我们还能发现林逋曾与范仲淹、梅尧臣等有唱和之作。人家堂堂朝廷命官，跑来和林逋这样的山野之人结交，一方面说明林逋确实有魅力，有才华；另一方面也说明当时官场上也有不趋炎附势之徒，比如李及，他是厌恶当时的风俗轻靡、不愿意与官宦们宴会交游的。是高雅、淡泊、不流俗的情趣，使得他们走到了一起。

林逋自己没有后代，但是他教导自己兄长的孩子林宥，成功登科进士。不过，即便是这样，后世也有人来与林逋强行“攀亲戚”：南宋有个林洪，字可山，写《山家清供》的那位，说自己是林逋的七世孙。其实呢，以他自己的进士身份和《山家清供》，已经在当时颇有名气了，但是他这一行为，直接败坏了路人缘，毕竟谁都知道林逋没有娶妻更不可能生子，所以当时有人就写诗讽刺他说：“和靖当年不娶妻，因何七世有孙儿？若非鹤种并梅种，定是瓜皮搭李皮！”虽然林逋生前只有“梅妻鹤子”，但他身后却并不寂寞，清代褚人获《坚瓠集》载：“孤山林和靖墓，后宦游于杭者，或妾或女死，多葬其地，故垒垒于林墓之前后。”

林逋对于自己的一生志向非常明确：“人生贵适志耳，志之所适，方为吾贵。每吾志之所适，非室家也，非功名富贵也。只觉青山绿水，与我情相宜。”人生最重要的是达成志向，我所向往的，才是对我可贵的。现在我的向往，不是成家生子，也不是建功立业，只有这青山绿水，才是和我最相合的。确实，林逋隐居西湖，最后葬在了西湖，可以说他这一生最重要的时间，都是与孤山、西湖相伴的。他将自己的坟墓就修在草庐旁，表示永生永世都不会离开这里。后杨琏真伽盗掘宋陵，居然也没放过林逋墓，“至元，杨琏真伽发其墓，唯端砚一，玉簪一。”（张岱《西湖梦寻 · 孤山》）

夏圭
特色的半边之景画家

《钱塘观潮图》钱王射潮的传说

五代十国时期，在两浙地区有一个吴越国，吴越国国主唤作钱镠，后世称为“钱王”。在杭州的发展历史中，吴越国占有重要的地位。钱镠为治理杭州做出了许多努力，同时也留下了许多传说故事，其中最为出名的当属“钱王射潮”。

每年农历八月十八日，正是钱塘江大潮最汹涌的时候。水火无情，中国历史上黄河的泛滥，让无数附近的居民成为灾民、流民。钱塘江也是如此，而且钱塘江口直入大海，每年的钱塘江大潮和洪水一样令沿江两岸的居民恐惧。而正因为这一特殊的地理环境，历代治理者都没能顺利地将大潮治理好。随着时间一点点流逝，这件头疼事终于摆到了钱镠的面前。

“大事不好啦！潮神又发怒啦！”如同灾难般的消息从一个官员口中慌慌张张地冒了出来。

“荒唐，什么潮神，哪儿来这么多神仙！”吴越王钱镠一拍御案，呵斥道。

“陛下，故老相传，这钱塘江口住有神仙，每每发怒，便涌动潮水，倒卷上岸，侵淹无数。多少年来都无法平息，以致人民提心吊胆，难以安生。”

“传孤命令，调一万硬弓手，在钱塘江畔列阵，待孤去会会这个‘潮神’。”

“所有人，列队！”钱塘江边，一名全副铠甲的将领正在组织着一万硬弓手列好阵型，等待钱王的到来。

不一会儿，一匹白马从远处飞驰而来，马上驮着钱王，身后跟着诸位武将文臣，行色匆匆。

“启禀陛下，硬弓手已经列队完毕，请您下令！”

钱王从马上下来，回头看了一下列阵，满意地对将官点了点头，然后招手叫了一名文臣。

“孤有话对这‘潮神’讲，量这‘潮神’现在也不敢露面。你去拿笔记下，孤愿仿西门豹故事，写好扔下去给它看看。若是个晓得事的，自会引潮水退下。若是个不识相的，哼哼，那就莫要怪孤的手段了！”

“喏！”那文臣虽还想再劝一句，但看到钱王坚定的目光，却是低下头去，应了下来。

日头渐渐偏西，钱王在江畔踱步，望着正在蓄势的江水，眼见两岸众多居民因为潮水上涌正准备陆续搬到更高的地方。众人看到这厢钱王列阵，也是边走边回头，一步三晃地慢慢向上迁移。钱王稍作沉吟，停了片刻，定了定神，咏出了一首诗：“天分浙水应东溟，日夜波涛不暂停。千尺巨堤冲欲裂，万人力御势须平。吴都地窄兵师广，罗刹名高海众狞。为报龙神并水府，钱塘且借作钱城。”

文臣走笔如飞，钱王咏完不过数秒，文臣便写完最后一笔停下。钱王走过去，看了看，拽过来在上面画了押，然后玺也不盖便草草卷起用力掷了出去。那纸卷在空中飞了一下，舒展开来，徐徐落了下去，浮在了江水上。又有涌浪，似野兽扑食一般，向那张纸袭去，将纸狠狠砸进水中，撕碎了它。

钱王怔怔地看着，过了一阵儿，日头将要西下，潮水渐渐起势，由江口逐渐涌了上来，轰隆之声便是离着尚有一段距离都清晰可闻，而随着潮水倒卷，天边的云都仿佛为之变色。钱王看到这里，轻叹了一口气，道：“唉，这哪里会是个神仙，便是个神仙，恐怕也是个凶神恶煞。罢了，既然你不领情，孤也不会退让了。”钱王一转身：“弓箭手听令！”“在！”一万名强弓硬弩的甲士严肃列阵，回应之声响彻江口。“这钱塘江潮危害杭州无算，便是从古时候，就已经是这里的一处凶名。今天孤要彻底地制服它，让它不敢再为祸杭州。一会儿听孤的号令，定要在此处，止住这潮水。”“是！”

轰隆隆、轰隆隆隆……钱塘江潮水已经提速成功，全势向岸边奔来。顷刻之间，便到了军阵之前。

“全体弓箭手！上弦！”一万弓箭手全部箭在弦上，弓如满月，拉满蓄势，随时便要进行第一轮的齐射。

钱塘江水越涌越高，仿佛一只生着无数触角的怪兽，向岸边的军阵扑来。

“放！”咻咻咻，一支支羽箭飞了出去，直刺入江水之中。

钱塘江潮水似乎是顿了一顿，但依旧汹涌地前进着。

“第二轮，上弦！放！”钱王也不客气，一轮齐射过后，第二轮马上跟上。

又是万箭齐发，一万支箭在江水面前组成的阻隔网瞬间便被冲破，纷纷落了下去。

“第三轮！放！”“第四轮！”钱王怒吼着，甚至后面只需要一举手一挥手，一万弓箭手便随着节奏射出箭雨。

说来也神，潮水在四轮齐射过后，竟然势头渐缓了。最终也没有真正地拍打在军阵所在的位置，而是停在了钱王面前不远处。而再下一轮的潮水，竟然远远地避开了军阵所在，翻滚着往西南方而去了。

传说当然有演绎的成分，但是钱王为钱塘治水做出贡献却是不可磨灭的。历史上的钱王，有鉴于唐代版筑堤岸无法阻挡潮水侵袭，创造性地在江口植入排排大木，作为阻水之用，称为“滉柱”。在原版筑堤岸位置结织竹网，以固砂石，又搬运巨石组成堤岸，与大木相互照应，形成一个由远及近、层层分割的护堤阵，甚至还埋入了“铁幢”，用来稳固江底之水，避免潮水泛起更多的波澜。而钱王对堤岸的修护，也为后来尤其是南宋对于杭州的建设和开发奠定了基础。

夏圭的《钱塘观潮图》所画的是南宋时期的钱塘潮水。在经过如“钱王射潮”般的治理后，钱塘江水已经“温顺”了许多，后世也在钱王治潮的基础上不断地修缮江堤，让潮水不再肆虐人间。到了今天，每年观潮已经成为当地的风俗文化活动，虽然偶尔仍会听到有人被潮水卷走的消息，但如今的潮水，在更为科学的观测下，已经不再过多地被称为“灾祸”了。

《西湖柳艇图》跟着宋人游西湖

“杭州美景盖世无双，西湖岸奇花异草，四季清香。那春游苏堤桃红柳绿，夏赏荷花映满了池塘，

湖光鏡面夾東西
白堤深處接蘇堤

那秋观明月如同碧水，冬看瑞雪铺满了山冈……”

说起宋代，两都之一的临安便是不能回避的地方；而说起杭州，西湖又绝对是不能不提的景点。杭州城与西湖水，可以说是互相成就了彼此，留下了许多美丽的故事与传说。

西湖历来为文人所喜爱，无数诗词歌赋都曾咏叹过西湖的美，而各路画家也曾各显神通，只为留下心目中西湖最动人的样子。而西湖就在那里，静静地看着来往如云烟的墨客们，看他们为自己痴，为自己狂，为自己写下一首首赞歌。它也用自己的清澈，洗涤着众人那被尘世浸染的内心。

杭州西湖，最早称作“武林水”，武林也正是杭州的旧称。后来又有如钱水、明圣湖、潋滟湖、金牛湖等名字，而“西湖”这个名字最早则出现在唐代。唐代诗人白居易的两首诗《杭州回舫》和《西湖晚归回望孤山寺赠诸客》中，使用了“西湖”这个后世为人熟识的名字，而宋代苏轼的《乞开杭州西湖状》，则是“西湖”之名正式在官方文件中出现。

西湖原是钱塘江的一部分，后来沧海桑田，地势变迁，在秦汉时期变成了一片内陆湖。不过，西湖的开发，则要晚至隋唐时期，隋炀帝京杭大运河的开凿，直接影响了沿线一系列的水利工程，西湖也受益了。到了唐代，西湖水域面积有 10.8 平方公里，比现在的西湖大了一倍左右。长庆二年（822 年），大诗人白居易调任杭州，兴修水利，拓建石涵，疏浚西湖，白居易在西湖修堤助农，被当地盛赞。而他曾修建白沙堤今已不存，但后人依旧借“白堤”之名缅怀白居易，可见其对于西湖水利的影响之深。同时，白居易为此地写下的大量诗篇，也令西湖名声大噪。

对于西湖来说，宋代是一个重要的时期。先说北宋，北宋时期最重要的一个人，就是苏轼。苏轼一生中，任杭州通判四年，任杭州太守三年，这七年里，除了在杭州发明了“东坡肉”这道珍馐美味，还于元祐五年（1090 年），向当时的皇帝宋哲宗上《乞开杭州西湖状》书，要求疏浚西湖。其中那句“杭州之有西湖，如人之有眉目，盖不可废也”，一举奠定了西湖在杭州的地位。而针对西湖的淤塞，苏轼说：“父老皆言十年以来，水浅葑横，如云翳空，倏忽便满，更二十年，无西湖矣。使杭州而无西湖，如人去其眉目，岂复为人乎？”当地父老乡亲觉得这十年来，西湖水逐渐变少，再过二十年，可能就没有西湖了。要是杭州没有西湖，就像人没有眉毛和眼睛一样，那还是人吗？情况可以说是相当危急了。于是，哲宗皇帝准苏轼奏疏。苏轼也没有辜负皇帝的信任，发动逾 20 万人进行疏浚西湖工程。在疏浚西湖的同时，还用挖出来的葑草和淤泥，自南至北堆筑起横贯湖面 2.8 公里的长堤，由于太长，还在堤上建六座石拱桥，从此西湖水面分为了东西两部，而南北两山始得沟通。后人为了纪念苏轼的功德，将此堤命名为“苏堤”。

至于南宋，杭州是皇都所在，西湖自然也不会被冷落。多少骚人在西湖岸挥洒才情，那首著名的“山外青山楼外楼，西湖歌舞几时休？暖风熏得游人醉，直把杭州作汴州”（林升《题临安邸》）更是写尽了西湖繁华。西湖，就像南宋文人的一个许愿池：恋爱的，分手的，绥靖的，报国的，咏怀的，讽刺的。南宋著名风俗志《梦粱录》，甚至在卷十二专门开设了名为《西湖》的一栏：“湖周围三十余里，自古迄今，号为绝景……湖山之景，四时无穷，虽有画工，莫能摹写……四时之景不同，而赏心乐事者亦与之无穷矣。”而关于西湖景色，我们如今最熟知的“西湖十景”，也形成于南宋。

南宋画家叶肖严曾绘制《西湖十景图》册，摹写下宋代的“西湖十景”：双峰插云、曲院风荷、花港观鱼、柳浪闻莺、苏堤春晓、断桥残雪、南屏晚钟、平湖秋月、三潭印月、雷峰夕照。此后元明清三代，在此十景基础上有增无减，甚至到了清乾隆朝，西湖景色已经从“十景”增加到了“二十四景”。而在乾隆南巡到达杭州之前，书画家董邦达也曾为乾隆皇帝绘制《西湖十景图》卷，其中景色更是多达五十四处，可谓为西湖“招游”不遗余力。

夏圭的这幅《西湖柳艇图》，虽然没有对西湖进行全景式的描写，但是仅从一处下笔，也足以令观者感受到南方春日西湖岸边的惬意时光。天高云淡，垂柳依依，湖边小房错落有致地排列在一起，甚至有几间已经探入水中。湖面上舟船来往，与岸上几名抬轿仆人共同组成画面中“动”的部分。近角更有一块酒店招幌模样的布斜挑直出，仿佛能听到那酒店里传来的喧闹之声，和着舟船的渔歌之声，在远方烟雾迷蒙的衬托之下，更显人间风味。

《雪堂客话图》露其要处而隐其全

“良兄，你看寒舍风景可好？”

“妙极妙极！于冬日飘雪，山峦怀抱之处，有此一居。前瞰江河，背靠高山，窗外寒江飘雪，屋内兄弟对饮。香山居士曾言：‘绿蚁新醅酒，红泥小火炉。晚来天欲雪，能饮一杯无？’彼时彼刻，恰如此时此刻吧！”

“哎，良兄，我这居处，比不得人家。苦寒之所，不过浊酒一杯，聊做暖腹之物。哪里比得了白乐天‘樱桃樊素口，杨柳小蛮腰’。你我二人，可比白乐天差之千里啊！”

“无妨无妨，乐在其心，不在其色。这山间的艄公号子，火炉中的噼啪之声，皆是所乐。更遑论天外雪色，枝头鸟雀，这天然秀色难道还比不得人间脂粉？”

“也对也对，来，且喝酒！”

正说着，窗外传来艄公的歌声：“古今兴废皆若梦，魏耶晋耶成何用。惟流水不记年，浪里陶情也，水云仙。浅斟低唱，三五渔朋，柳堤欸乃，连舟并缆也，共话衷肠伤往事，叹兴亡，终日伴斜阳。”

《雪堂客话图》，南宋夏圭绘，绢本设色，是夏圭传世作品中的代表作。夏圭，南宋画家，字禹玉，临安人，生卒年不详。早年画人物，后来以山水著称。师法李唐，后汲取范宽、米芾、米友仁等人之所长，形成自己独特的个人风格。他与马远同时，并称“马夏”。由于夏圭构图常取半边，与马远异曲同工，故又有“马一角，夏半边”之称。传世作品有《雪堂客话图》《西湖柳艇图》《溪山清远图》等。

《雪堂客话图》便是极为典型的“边角式”画法，画幅中的大部分景物都集中在左下角，尤其是仿佛在移动的渔翁，让这一角的生气与对面的高山白雪之沉寂形成对比。屋外银装素裹，苍山枯木均被白雪掩盖。而屋内似乎甚为暖和，主客二人还不畏风雪似的开了窗。二人相对而坐，或在弈棋，或在吃酒，虽不见行动，却可感受其中的温暖氛围。他们居暖室饮聚的行为，和窗外破江而来的渔翁又形成了一组对比。渔翁着蓑笠坐于船尾，身旁摆放一鱼篓，或是在为今日晚饭努力，又或是为明日生计操持。当此寒天，恰有“孤舟蓑笠翁，独钓寒江雪”之感。这两组对比，在一大一小两组环境中形成互动，使得画面整体透出一丝灵动与活泼。

夏圭此画，写景不写人，题目虽是“客话”，却只见衣装不见面目，于两三笔中便描摹形状，交代清楚，足以动人。至于图顶部却大片空白，杳渺无际，将观者思绪带入一个乌托邦般的场景之中，不许年月，不记来处，或师陶渊明《桃花源记》笔法，将无限的想象交给观者，交给时间。

“边角式”画法注重“以少绘多”，因为所要描绘的具体景物都集中在一处，其余大面积的留白构图就是考验画家功力之处。夏圭师法李唐，李唐当年以一幅《竹锁桥边卖酒家》讨得宋徽宗欢心，便是“露其要处而隐其全”。大片的留白掩盖了画题本义，而以小露之处婉转扣题。夏圭此图以“雪堂”之小衬山河之大，以“客话”之小衬风雪之大，正得李唐精髓。另外一位与夏圭齐名的画家“马一角”马远，在这种计白当黑的技法上更为纯熟，他的《踏歌图》便是个中典范。而不论“马一角”还是“夏半边”，他们都对李唐“露其要处而隐其全”的技法进行发挥，也都成为南宋画坛的一方领袖，从这个角度看，其实李唐才是开创了南宋画坛风格的那个人。

不过，夏圭相比马远又有不同，马远用笔刚而偏外露，夏圭用笔清而趋于含蓄；马远“意深”，夏圭“趣多”。曹昭《格古要论》评曰：“夏圭山水，布置、皴法与马远同，但其意尚苍古而简淡，喜用秃笔，树叶间夹笔，楼阁不用界尺，信手画成，突兀奇怪，气韵尤高。”前面说夏圭爱用秃笔，在画树叶时多用笔随意点画，不拘于法，楼阁不用尺量便可，不似马远那般工整细密，只是信手勾画而已，却能得意外之妙。最后四个字“气韵尤高”，足见夏圭功力之深。可以说马夏二人是李唐“浓淡”两种风格的延续。

后世董其昌曾将画派分为“南宗”“北宗”，虽然不是他的独创，却影响深远。而标榜“南宗”实际上要表达的是提倡“文人画”，崇尚率真自然，平淡天真，笔墨情趣。但同时，董其昌将“马夏”二人贬作“画工”，以为无可取之处。但实际上，虽然“文人画”与“院体画”（或者说“画工画”）一直处于对立面，但却互相影响，取长补短。

《灞桥风雪图》灞桥风雪骑驴客

在古代长安城东十里处，有一座古桥，这桥地处咽喉要道，曾多次修补，历经千年风霜，成为西去、东出长安城的必经之路。它自唐代以后也成为“诗思”的代名词，无数文人骚客在咏叹离别时都会用它作为意象，表达自己的惜别之情。它就是灞桥，一座普通又无法被遗忘的石桥。

灞桥建造时间很早，据说是春秋时期秦王称霸西戎后所建。新莽时期遭水灾被改名为“长存桥”。到了隋代，灞桥重建，桥向下游挪了三百米。这座桥，从隋代到元代一直被使用，元代末年被荒废。而真正使得灞桥名声大噪的，其实是唐代宰相郑綮的一段故事。

郑綮是唐昭宗时期的宰相，以作歇后语诗讽刺政局闻名。尽管郑綮也是凭本事一步步做上的官，但是在名臣辈出的唐代，郑綮的政绩并不突出，甚至可以说是有些平庸的。郑綮以诗讽政，且诗多为诙谐之语，不着格调，时人称为“郑五歇后体”。他上任宰相后，决定不再作“歇后语诗”。有人问他说：“您最近有什么新作吗？”郑綮回答道：“诗思在灞桥风雪中驴子上，此处何以得之？”从这句话开始，灞桥成了一个经典意象。其实，郑綮这句本来也是俏皮话，不过由于是对“诗思”过于经典的总结，因此被后代无数人引用。而每当有题为“灞桥图”的画作出现时，“灞桥”“风雪”“驴子”都是不可或缺的内容和意象。

夏圭这幅图也不例外。烈风阵阵，奇崛的山石之下，风雪交加。山高处苍松树立，点缀微微绿意。山脚下古树凭依，遮盖些许白雪。枯枝虬干，盘根错节。一道河水从山缝中流出，理应湍急曲折，不过时值冬日，冰面覆盖之下，偶有溪鱼回溯，也是不见其迹。

河上灞桥短窄，石板相接，冬日路滑，青石上尤是如此。有寒士骑驴欲过，前方小童先行探路，回手抓住驴辔，小心前行。驴蹄易滑，轻轻探足，慢慢跟随仆童一点点挪向桥中。桥另一侧有阁楼小筑，风雪中似乎洋溢着暖意，屋顶落雪竟不堆积，部分已经融化，与屋外顶风过桥的寒士形成对比。画面左下角处，两位行人肩扛包袱也走上前来，前者回头与后者说话，后者用手点指前方，仿佛在说：前方旅店甚佳，是否今日便歇了脚不再赶路。而山坳深处，亭台楼

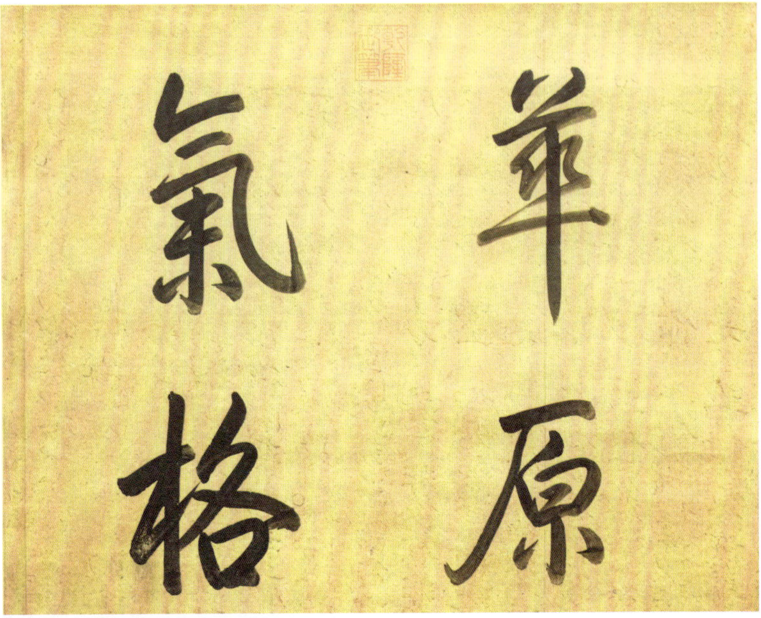

阁若隐若现，仿佛有仙乐叮咚传出山谷，那些似乎美妙的景象，在这日的风雪掩映下，显得更为邈远。

夏圭这幅画采用了经典的“半边式”构图，重点内容几乎全部集中在图幅的中下部，“灞桥”“风雪”“驴子”也都一并出现，这种表达方式几乎在每一幅“灞桥图”中都会出现，这当然不是偶然的。最先根据郑綮名言做出改变的是诗词。根据流传下来的看，郑綮自己的诗词并不出色。但是后人根据这三个要素构思出的一幕幕场景，让诗词的表达有了新的方向。

唐代卢尚卿《东归诗》“今日灞陵桥上过，路人应笑腊前回”，罗隐《红叶》"游子灞陵道，美人长信宫"，黄滔《壬癸岁书情》"惆怅灞桥路，秋风谁入行"等诗句，都表达了东出灞桥后，身处长安城外，作别亲友，一路大道向远方的离别之情。而前途难料，又觉人生迷茫，胸中难言之意无处寻说，更增悲凉。或是宦游寂寞，或是天涯羁旅，又或是落第羞赧，穷达悬隔。五味杂陈，难怪唐人谓灞桥为"销魂桥"，途经此桥，十里长安，又能何处不销魂？这个主观色彩极强的"灞桥"，成为一处情感的聚集点，延续到了宋代。

宋代的"灞桥"已经不仅是一座承载个人情感的桥梁，它更成了一种志趣的象征与延续。骑驴吟诗，灞桥风雪，在凛冽环境中塑造的这个形象，是宋代文人追求的一种境界：就如颜回、陶渊明他们所做过的一样，穷且益坚，以贫为乐，失意却高贵。当诗人在风雪夹击的傍晚，独自骑驴行走在离"长安"不远的地方，他不因穷困而心怀愧疚，不因跛驴而自惭形秽，不因身无功名而向权贵低头，他慢慢地走着，走的不是普通的石板路，而是一条傲然之路，淡泊之路。他所诠释的，是一种即便身穷但志不灭，依旧可以快意潇洒的"大写"的文人。

至于"灞桥图"本身，源于唐代王维为孟浩然画的一幅肖像《孟浩然骑马吟诗图》。这幅画已经失传，但是在许多画论、画谱中都有记载。从这幅画起，孟浩然骑马吟诗的形象，就成了"灞桥图"题材的基本范式。您可能会说，这孟浩然是骑马啊，又不是骑驴？对，孟浩然在唐代骑的是马，他骑驴，是苏东坡给他换的。

在苏东坡的词作《大雪青州道上有怀东武园亭寄交孔周翰》中，有“又不是襄阳孟浩然，长安道上骑驴吟雪诗”句，诗作《赠写真何充秀才》中，有“又不见雪中骑驴孟浩然，皱眉吟诗肩耸山”句。到了他的学生秦观那里，《忆秦娥 · 灞桥雪》：“灞桥雪，茫茫万径人踪灭。人踪灭，此时方见，乾坤空阔。骑驴老子真奇绝，肩山吟耸清寒冽。”这“骑驴老子真奇绝”，虽然没有点孟浩然的名字，但是两相对看，仍可以发现苏东坡笔下孟浩然的影子。正是从此开始，“灞桥图”中“骑驴老子”就正式成了“孟浩然”。最后，北宋藏书家，书画鉴定家董逌的《广川画跋 · 书孟浩然骑驴图》彻底盖棺定论：“孟夫子一世畸人，其不合于时，宜也……郑綮谓‘诗思在灞桥风雪中驴子上，此处何以得之’，綮殆见孟夫子图而强为此哉，不然綮何以得知此？”当然了，宋代的他也许不叫“孟浩然”，但是他可以是“苏浩然”“陆浩然”“马浩然”……

作为文士最爱的题材之一，“灞桥风雪”所代表的，远远超过了画面本身的内容，它是一种精神文化内核的重新演绎，在艺术家们不断阐释的同时，也在不断地为其注入新的生命力，这也正是中华文化生生不息的原因。

崔白
北宋画坛革新主将

《双喜图》名不副实的悲伤故事

《双喜图》可以说是崔白传世作品中最出名的。此幅作品为绢本设色，存世共有两幅，大小略有不同，内容则大同小异。画面上大致分左下右上两个部分，左下有兔，有草；右上有鹊，有树。画面以地形和树势延伸切割，左下角兔子背对枯树，一脚抬起，似乎在剧烈的奔跑之下而刚停于此处，头往回看，望向枯树上的两只鹊鸟，脚边的衰草随烈风摆动，不由自主。右上方一鹊已落在枯枝上，正在肆意鸣叫，又有一鹊正在赶来，扑扇着也要落下，瞄准的似乎是前鹊所落之处。枯枝败叶各现萧索，强风之下，枝摇叶落，一片衰败之相。

画面构成简单，数来不过兔、鸟、草、树、竹等物，用色简约，以写意绘山水，以工笔绘花鸟，半工半写是崔白自创也最擅长的手法。不囿于“黄家富贵”，也不偏离题意，正是崔白所独擅之处。

《双喜图》其实是因崔白有感于兖国公主的故事所画。兖国公主，宋仁宗长女，苗贵妃所生，名无可考，毕竟是古代，在那个年代哪怕你是皇帝家的女人，想留下自己的名也是难上加难的。而能留下的，只有一连串的封号：兖国公主一出生便被称为“福康公主”，出嫁前称“兖国公主”，后来断断续续被封过“沂国公主”“越国长公主”“楚国大长公主”“庄孝明懿大长帝姬”等一系列或大或小的封号。

都说“一入宫门深似海”，对于一个女人来说，嫁进宫里或许荣耀一时；而对于生在宫内的女人来说，出生可能即是巅峰了。兖国公主从小聪慧，很有主见，据说有一次仁宗皇帝得重病，兖国公主光脚去庙堂祈祷，愿意以自己的寿数换取父皇健康。也因此，仁宗皇帝十分宠爱这个女儿，最重要的宠爱就体现在她结婚这件事上。出嫁时，公主府是花费数十万缗钱建造而成，也是所有公主府里最奢华的一处。出嫁后，她的生活费大约是每月千贯，作为公主来说，是不可想象的，待遇甚至和皇太子一样。但正是这次出嫁，让兖国公主一生的命运都被改变了。

皇家的女儿，使命只有一个——和亲，不是外和番邦就是内和诸侯大臣。而兖国公主的“和亲”对象，可谓让仁宗皇帝煞费苦心。仁宗皇帝并不希望兖国公主完全成为政治的牺牲品，因此他选中的驸马李玮，是他亲舅舅李用和的儿子。因为仁宗皇帝生母早薨，因此仁宗皇帝对李家可以说是心怀愧疚，恩宠有加。而把自己最爱的长女嫁给李家，也是亲上加亲、荣上加荣的想法。毕竟，娘亲舅大，想来李家也不会亏了自己的闺女吧。

李玮之所以能够脱颖而出，有内外两个方面的原因：一是仁宗皇帝见过李玮，对他的答对得体、举止从容印象深刻，而且出身李家，身份合适，这是外因；二是宋代制度，做了驸马就做不了大官，这是避免外戚权重的办法。李玮成年以后能书善画，心志淡泊，对于高官厚禄野心不大，至于做驸马影不影响前程，大概没什么想法。因此仁宗皇帝十分欣赏李玮，拍板做主，将兖国公主下嫁李玮，了却他的一桩心事。可是，仁宗皇帝左思量右考虑，想出来的这个万全之策，毁在了李玮自己一个显而易见但是一般男性又都不太在乎的点上，那就是李玮——他不好看。

李玮有多不好看呢？史书记载他“貌陋性朴”，就是说他长相丑陋性子老实。而且李玮的出身并不好，虽然出自皇帝的舅舅家，但是李玮是妾生，庶出。就这个出身和长相，在宋代的文人圈子里，哪怕你有点才气，也是提不上号的。

这样的李玮，自然是兖国公主看不上的。论出身，论长相，论财富，甚至连才能，公主都不逊于李玮。那么如果你是公主，你会爱上他吗？

就这样，公主和李玮之间的婚姻，从一开始就彻底地倾覆了。公主自己带着自己的陪嫁过日子，与李家并不亲近。而两个人关系的彻底决裂，则是从公主“夜叩宫门”开始的。

公主的陪嫁里，有个宦官叫梁怀吉，这人有姿色，起码比李玮强。应该也有点才能，更重要的是，他情商不低，能哄得公主团团转。有一天，公主和自己的仆人们在家中饮酒，发现门外有人偷窥，抓住发现是李玮母亲。公主大怒，认为杨氏对自己的监视是得到了李家授意。于是，公主夜奔进宫，叩开宫门，要求与李玮离婚。这件事情，在当时影响极其严重。首先，宫城夜奔，即犯法条。其次，夜叩宫门开，一般来说，只有手持符节者，在守门者验明正身后方可进入，且需得真有事禀。这几条少一个都不行，凡违反者，轻则流放，重则绞刑。公主回娘家，这些手续显然都是没有的。最后，公主要求离婚。且不说公主的身份，单要求离婚这一条，就违反了女德。因此，这三件事加在一起，影响极坏。第二日上朝，群臣上书抗议。仁宗皇帝在压力之下，将公主身边一众侍候的人全部换掉，用了一批新人。其中，乳母韩氏削封问责，宦官梁怀吉发配到洛阳去打扫宫苑。

这个处罚彻底点燃了兖国公主的怒火。梁怀吉的发配，更是让公主大受刺激，此后多次自杀未遂，情绪几近崩溃。而这么一闹，夫家自然也不会给她好脸色看，公主和李家的关系进一步破裂。

仁宗皇帝的一番好意，最后变成了一场闹剧。公主的自杀行为，让仁宗皇帝把梁怀吉召回，但是公主的精神却已经崩溃了。公主生母苗贵妃坚持认为是李家害了自己闺女，于是也派人去盯梢，却没有抓到把柄。最后，公主搬回宫，彻底与李玮分居。

这段不平等的婚姻仅仅维持了五年，便以李家上书请求和离宣告结束。而在一系列的赏罚之后，仁宗皇帝在生命的最后依旧主持了复婚。又过了八年，“楚国大长公主”在绝望中离世，郁郁而终，年仅 33 岁。公主的晚景是凄惨的，不仅仅因为得不到娘家的关心，也因为夫家已经与她彻底决裂。公主死后，神宗皇帝以李家“奉主无状”，将李玮贬职陈州。一场本应是仁宗皇帝脑海中夫贤媳孝的完美婚姻，最后变成了一地鸡毛，也实在是令人唏嘘不已。

崔白的《双喜图》似乎对应了这次事件。树下那惊疑不定的兔子，正是李玮作为驸马的写照，迟疑不定又惊惧不已。树上的两只鸟雀，落着的一只正是兖国公主，对着无法反抗的驸马肆意尖叫，聒噪不已；而另一只，或许是那宦官梁怀吉，在公主的庇佑下狐假虎威，同时也在煽风点火，助长公主的气焰，让两边陷入更为焦灼的关系。

这也就可以解释为什么名为《双喜图》，却是一派肃杀悲凉、残破凋败的画面了。

《寒雀图》宋代花鸟画的绝技

寒雀争寒枝，如椒目相妒。

设有鹯来驱，舍仇共救护。

这是一首清代乾隆皇帝题在宋代崔白《寒雀图》上的诗。乾隆皇帝爱题诗是人尽皆知的，不管是哪儿，只要好，他都得提笔来两句，可谓是“文物牛皮癣”。

那么，这幅《寒雀图》又是哪里打动了我们的“十全老人”呢？

崔白，字子西，北宋濠梁（今安徽凤阳）人，是北宋杰出的花鸟画家，尤擅写生，所画鹅、蝉、雀堪称三绝。同时也工人物，山水次之。崔白的画作有多杰出呢？他被称为“北宋画坛革新主将”，一扫之前黄筌画派以工笔画花鸟——勾勒精细，设色浓丽，不露墨痕，风格华丽，极尽描绘之能事的风格，采用了更野趣、淡远、荒寒的手法，重本真而不在技法，虽然工笔笔触依旧一丝不苟，但却以活泼“清澹”的画风取胜，“体制清澹，作用疏通”（《图画见闻志》）。而且几乎不打草稿：“凡临素多不用朽，复能不假直尺界笔为长弦挺刃。”

崔白一生画作颇丰，《宣和画谱》记录崔白画作 241 幅。不过

留存下来仅有 8 幅，其中故宫博物院藏此《寒雀图》，台北故宫博物院藏《双喜图》《枇杷孔雀》《竹鸥图》《芦雁图》等 7 幅。《宣和画谱》评价崔白："尤长写生，极工于鹅。所画无不精绝，落笔运思即成，不假于绳尺，曲直方圆，皆中法度。"

崔白的技法，上承黄筌工笔之风，中杂徐熙野逸之趣，下借赵昌、易元吉写生之意，从而完成了画风的整体转变。这种转变，是一种艺术审美长久沉淀下来后再寻找新的生命力、新的蜕变的契机。黄筌的作品，造型准确、工整细腻，确立了当时宫廷画院的审美标准，从根本上影响了当时花鸟画的面貌与风格。反观崔白的作品，不仅造型精准，而且生动自然。可见，崔白重视写生、造型能力强，和黄筌是一脉相承的。不过黄筌一脉统治画坛已久，难免会审美疲惫，因此急需新的绘画风格出现。

五代时，徐熙与黄筌齐名，但风格不同，世人并称“黄家富贵，徐熙野逸”。《宣和画谱》评论徐熙：“所尚高雅，寓兴闲放，画草木虫鱼，妙夺造化，非世之画工形容所能及也。”或许是江南一带的文化气息，加上自身高雅闲放的性情，徐熙的花鸟画呈现出的野逸气息，与黄筌花鸟画的富贵之风截然不同。崔白也

是江南人士，性情疏阔，与徐熙野逸之风格意趣相投，从自身审美倾向上来说，更像徐熙而非黄筌。徐熙的风格，对正在排斥黄筌风格的北宋中期画家来说，正是一个可以融合和借鉴的方向。因此崔白的作品工谨与疏放结合，调和了黄体与徐氏两派的风格。

在崔白的绘画创作生涯里，残荷、凫雁等花鸟画题材是他最擅长的，崔白所画花鸟重在写实，以写实为基础，加以惟妙惟肖地刻画，使花鸟有灵性。在多年的潜心研究下，崔白找到了花鸟画的精

髓——神态与鸟语。人类可以通过说话来表达思想、感情，言语皆可配以表情。鸟雀也是有语言的，它们可以听懂彼此之间的鸣叫，神态也会有变化。崔白独特的创作方法与观察角度，让宋代花鸟画有了更为精妙的传神之感。

《寒雀图》笔法老辣，笔墨气韵贯通，应是直接挥笔晕染而成，线条行云流水。画中麻雀栩栩如生，形态各异，而在右上角的天空，飞来一只欲往枝头降落的麻雀。画面上的麻雀犹如音符一般，错落有致，和谐统一。试想崔白在作画时肯定也试图身临其境，他用画笔和麻雀对话，试图在鸟语中寻找艺术灵感。《寒雀图》表现自然环境中的麻雀神态的技法，堪称神来之笔。《寒雀图》章法严谨、富有气势，在写实的风格中体现出野逸情趣和“体制清澹”的画风。

宋人所著《广川画跋》中谈道：“崔白画蝉雀，近时为绝笔。”遗憾的是，崔白笔下的蝉，我们如今已无法得见，而《寒雀图》中的麻雀，则不愧是被誉为“绝笔”的。

《竹鸥图》师古不泥古，创新不创奇

从前两幅作品我们知道，崔白作为一名宫廷画家，所画花鸟一反前人风格，不同于“黄家富贵”，也不同于“徐熙野逸”。而他融合的一种名为“写生”的技法，则来自另外两位宋代知名画家——赵昌、易元吉。

赵昌，字昌之，北宋著名画家，广汉剑南（今四

川剑阁之南）人，工书法、绘画，擅长画花果，多作折枝花，兼工草虫。赵昌不是宫廷画家，自成没骨花鸟一派，与徽宗赵佶齐名。《宣和画谱》中著录其作品 154 件，不可谓不重要，而《宋中兴馆阁藏画》著录其作品 27 件，可见其画作生命力之长。北宋之时，花鸟画被"黄家富贵"一脉所垄断，几乎都是重彩浓笔。而赵昌一反常态，在仔细观察花卉的情状之后，使用淡墨描绘，明润匀薄，并不依仗浓重色彩，反而更得花卉真意。为画坛所重。

易元吉，字庆之，湖南长沙人，出身宫廷画家。《宣和画谱》著录其画 245 件。与赵昌不同，其在落笔上依旧有院画痕迹。不过，易元吉开创了新的一脉花鸟画题材——獐猿图，为画坛称道，被认为是绝技，所谓"世俗之所不得窥其藩"。易元吉初攻花鸟、草虫、果品，在见到赵昌所绘后，认为无法超越，因此转工獐猿。众所周知，猴子易动，所谓"心猿意马"，形容猿猴之动无可琢磨。为了画好獐猿，易元吉深入湖湘深山，观察、体会、揣摩猿猴习性，每有所得便动笔记录，心传目击，著于毫端。而后易元吉在长沙寓居，开凿池沼，专饲水禽山兽，以便观其动静游憩之态，终有所成。

赵昌与易元吉，一观花卉，一观猿猴，都是在仔细揣摩体会之后，以自然之笔绘自然之物，而非以工笔重彩描摹心中之物，故为后人所推崇。可以想见，崔白在经历了黄筌笔法的规范之后，尝试加以徐熙野逸之趣以求得自身之变化，最后在赵、易二人这里得到了对自然之物应映其本真的奥义。由规矩到自由，由自由反归于规矩，正与孔子所说“从心所欲，不逾矩”相契合，这是一种从刻意模仿到遵从自然、返璞归真的过程。

《竹鸥图》正是这样一幅作品。画家描绘了竹林溪边，一只水鸥在溪中觅食踱步而被人发现时那一瞬间的场景。图画近处几棵高竹向上耸立，其时风正紧，大风将竹叶吹得摇摇晃晃，竹枝有迎风欲摧之势。溪中水鸥正在觅食，从图画右侧慢慢向左侧走去，而当它走至高竹无法遮盖之处，惊觉有人正在观察着它，它便不敢再动了，眼睛都瞪得大大的、圆圆的，生怕惊动了对方。这幅画动静相宜、墨白相间，水流风向都揣摩仔细，细节处理得极为到位。至于这水鸥，是继续觅食还是惊叫飞走，就是崔白留给观者的想象空间了。

崔白为北宋画坛，甚至是后世的画家们留下了深远的影响。首先，他开创了“兼容并包，兼收并蓄”的创作思路，不局限于单一风格，破除了非此即彼的“黄家富贵，徐熙野逸”二家体系，顺应时代潮流，博采众长。《宣和画谱》称：“盖白恃才故不能无利钝，其妙处亦不减于古人……非其好古博雅，而得古人之所以思致于笔端，未必有也。”

其次，崔白有弟崔悫，供奉禁中；有徒吴元瑜，与徽宗赵佶长相切磋，从而影响宋徽宗的审美喜好与艺术标准。徽宗的花鸟画，多分为两种：一种是工笔重彩，明显由黄筌一脉而来；另一种则是清淡水墨，明显受到了吴元瑜的影响。且无论如何，徽宗的作品中

有大量的写意花鸟，正说明徽宗本人接受或者肯定这种清逸、素淡的绘画风格。这与宫廷画院本身所崇尚的浓重色彩有所不同，也说明了徽宗本人艺术欣赏水平之高。

宋室南渡后，大尺寸画幅逐渐减少，小品画册逐渐增多。小品画大多因循守旧，走富贵重彩一路风格。而大尺寸的花鸟画则多豪放之作，从中可以看到崔白之风对南宋时代花鸟画家的艺术影响。

元朝建立后，宋画院彻底被废。元代的画家团体由专职画工转向更多的文人执笔，而这些元代文人花鸟画，更重“意趣”，而非“画理”。这种融合了水墨与花鸟的创作风格，简约不烦琐的创作手法，正是崔白之风的延续和发展。同时，元代已经很少出现像南宋盛行的那种小品折枝花鸟画，更多的是像北宋时期的全景式构图。由此可见崔白的绘画风格对元代绘画审美取向和文人画趣味确有不小的影响。

对后代画家来说，崔白最重要的影响，不是技法也不是风格，而是他“师古不泥古，创新不创奇”的精神和胆量。可以说，崔白通过融合与实践，为后世画家做出了榜样。

苏汉臣
最震撼人心的工笔画大师

《秋庭戏婴图》带你领略宋人的幸福童年

郎骑竹马来，绕床弄青梅。
同居长干里，两小无嫌猜。

李白的这两句诗，为我们描绘了一个充满童趣的场景：小男孩身骑竹马而来，与小女孩绕着井床相互扔着青梅嬉笑玩耍。他们都住在长干里这个地方，从来没有过嫌隙和猜疑。

中国传统社会讲求多子多福，因此婴孩对于中国传统社会来说至关重要。也基于这个原因，围绕着“婴孩”产生的一系列创作屡见不鲜。在这些艺术创作中，“婴戏图”是一类非常重要的绘画题材，它不仅描绘了婴孩的活泼可爱，也透露了中国传统社会对于婴孩的一种寄托。

在诸多“婴戏图”中，苏汉臣的《秋庭戏婴图》可以说是非常重要的一幅。

苏汉臣，北宋汴梁（今河南开封）人，师法刘宗古、张萱、周昉等。宣和年间曾入北宋画院，成为宫廷画师，擅长画佛像和人物，曾绘制多幅以“婴童”为主题的画作，为人赞赏。明代顾炳的《历代名公画谱》中评价苏汉臣描绘婴孩的艺术造诣时说道：“汉臣制作极工，其写婴儿，着色鲜润，体度如生，熟玩之不啻相与言笑者，可谓神矣。”另外，《南宋院画录》卷二载：“苏汉臣作婴儿，深得其状貌，而更尽神情，亦以其专心为之也……”

这幅《秋庭戏婴图》是苏汉臣的代表作之一，采用宋代院画风格，描绘了秋高气爽时，姐弟俩在庭院中玩耍的场面。画作分为三个部分：在稍远处的背景里，有一块高耸的太湖石峰，石头干净利落，表现出阳刚之气。周遭拥簇着盛开的花朵，不仅弱化了石头带来的阳刚之气，也消解了巨石带来的压迫感，组成一幅园林景观。这花仔细看来好像是芙蓉与雏菊：芙蓉绽放，婀娜多姿，而芙蓉叶浓淡相间，衬托芙蓉越发娇艳；而另一侧的雏菊静静探出身，好似不与芙蓉争艳，默默开放，只为装点秋色罢了。双花竞开，画中仿佛有一股花香溢出，令人陶醉。

画面右下方有一圆凳（也叫鼓凳），凳面上有两个放着零食的罐，散落着佛塔、转盘、铙钹一类的玩具，其中转盘形似罗盘，但在转轴两端各有一骑马勇士，呈射箭状，下方有八个区域，每个区域都各有游戏规则。显然，这种游戏在今天也已经看不到了。

圆凳自唐代便已出现，到了宋代更是在艺术性上再创高峰，是许多富贵人家常用之物。我们看到画面中的圆凳装饰精美，线条细腻，质感极强，也可以体现出宋代院画风格在细节写实上已经相当成熟；而近处左侧则是这幅图画的重点所在，两个孩童，一穿白衣，一着红衫，分列在小圆凳的两侧，在聚精会神地摆弄玩具。可以看到右边的女童稍大一些，左侧的男童年纪较小。整幅画面看起来生动和谐，这种三角形构图虽然简单，但也非常直白地表达出了画家所画之重点。

全画笔触细腻、真实，比较符合北宋末期宫廷院画的特质。同时，画中所玩的游戏道具——枣，原产于中国北方，并非江南产物，因此推测此《秋庭戏婴图》应作于徽宗宣和画院时期。画轴左上方虽有题跋，但并非原画所作。

两个孩童所玩的游戏叫作“推枣磨”，是一种时令游戏，由鲜枣三枚、细竹篾一根组成。先将一枣横切一半，露出枣核，再用三支竹签令其鼎立；竹篾两端各装一红枣，并横置于枣核上，轻拨即可旋转。因似二人推磨，故名。这游戏比的是平衡，哪方能让枣磨保持平衡且转得久，哪方就获胜。据专家考证，这种游戏到民国时期还流行于中国北方。

仔细观察画作，我们发现，两个孩童作为重点被安排在了角落，庭院中景色却占了近一半的空间，看起来有些“喧宾夺主”。但正是这种安排才体现了画家技艺高超之处：通过孩子周围大面积的留白，撇去了视觉干扰，正符合谢赫“六法论”之“经营位置”之妙。而借助孩童之生气与花卉山石之含蓄，向观者呈现出场景之“气韵生动”，又合于“六法论”。

《秋庭戏婴图》属于婴戏题材的风俗画。孩童形象从晋代便已被画家纳入绘画题材中，但是“婴戏图”这一类绘画题材的成熟则要到宋代。宋代社会相对安定，商业繁荣，市民阶层的扩大，让各种表现世俗生活的风俗画不断涌现。通过这些风俗画，我们也可以了解到宋代文化、生活、社会状况，它们就是宋代人民生活的缩影。

从苏汉臣所流传下来的作品看，画家热衷于在生活中去体悟，去寻找。他不追求神仙佛道的虚无缥缈，也无意描绘皇家富贵的热闹繁华，更不屑于追逐宫墙内的仕女生活，他更愿意用画笔描绘那些日常最为常见的图景：孩童的嬉戏、走街的货郎，等等。这些也都表现出画家对于生活的热爱。

在这幅作品的左上方，有一首乾隆的题诗：“庭院秋声落枣红，拾来旋转戏儿童。丹青讵止传神诩，寓意原存相让风。”显然，苏汉臣的这幅代表作，也曾被清宫收藏。

不知道画面中的这对孩童，长大以后会不会再看到这幅画？如果看到了，他们会不会想起当年一起玩耍的美好时光呢？

《五瑞图》傩戏——宋代的“娱神之舞”

趋利避害是人之常情，中国自古就有通过祈祷祭祀的方式祈求得到神仙庇佑的传统。传为苏汉臣绘制的《五瑞图》，描绘的正是孩子之间通过“傩戏”来驱邪避恶、祈祷福气的游戏场面。在讲此图之前，我们先来了解一下什么是“傩戏”。

傩戏在中国由来已久，最远可以至商朝。商人重鬼，通过设置“巫”这个岗位来沟通天地，祭祀祈祷。巫者，祝也。就是说，巫是在祭祀典礼上担任祈祷官的那个人，可以说是有通灵之术，通过跳舞取悦鬼神，得到信息，为王朝指引道路的人。而随着商朝的灭亡，礼乐治国的周取代了求神问卜的商，巫也逐渐从国家公职人员的巅峰位置上退居二线，成为祭祀典礼上司官。

而另外一部分野生巫祝，则散落民间，由于不需要再在典礼上

“装神弄鬼”，巫祝们也脱下了他们在舞蹈时的面具，以官服示人。而那些面具和舞蹈，因为以前有着通神之灵，被民间老百姓继承了下来，成为傩戏。

最开始傩戏的主要驱避对象是“瘟疫”，通过祈求没病没灾，获得平安的一年。宋代的傩戏一般在腊日（农历十二月初八）、除夕举行，以民间傩俗为主。《东京梦华录》记录北宋汴梁傩俗：“自入此日（腊日），即有贫者三五人为一伙，装妇人神鬼，敲锣击鼓，巡门乞钱，俗呼为‘打夜胡’，亦驱祟之道也。”而吴自牧的《梦粱录》载南宋杭州傩俗则为：“自此入月（腊月），街市有贫者，三五人为一队，装神鬼、判官、钟馗、小妹等形，敲锣击鼓，沿门乞钱，俗呼为‘打夜胡’，亦驱傩之意也。”陈元靓的《岁时广记》也载：“除日，作面具，或作鬼神，或作儿女形，或旋于门楣，驱傩者以蔽其面，或小儿以为戏。”可以说，傩戏来临之时，既是民间祈福的好日子，也是孩子们嬉戏游闹，乡间举行各种活动的好时机。因此在这段时间，乡间地头仿佛一个热闹集市，吃喝玩乐应有尽有。

介绍完傩戏，我们再来看这幅《五瑞图》就比较清楚了。图中戴着面具的是驱傩者。从不合体的衣服和画面上的小手小脚来看，表演的人应该是小孩儿。他们的面具都有具体的意义：最中间的小丑形象代表了人们最讨厌，对孩子杀伤力也最大的“疫病”；最右侧的青脸红须，拿着笏版穿着绿袍的就是钟馗，明显是一个唐代以后才有的神仙；小丑身后远处那个手持拨浪鼓，看起来“毛脸雷公

嘴”的应该是雷公，说不定还是雷震子呢；“钟馗”身后那个身插膏药幌子的是药神，至于他是孙思邈还是谁，那就不清楚了；而小丑左侧那个白面书生，应该是地府判官，掌管缉拿录判，正用手点指“小丑”的一一罪状。四位仙官捉拿一位恶神，五名小孩扮演的一出“驱疫”傩戏，场面生动活泼，人物性格鲜明，动作也颇有模有样，尤其是“小丑”在面对四面“围攻”的时候，面目惊讶，手足无措的样子，让人忍俊不禁。

这幅图整个画面设色艳丽，孩童的动作生动活泼……可以想象，画面中的孩子一定认真观看过很多场傩戏，并认真地模仿过，只有这样他们才能扮演得像模像样。谁又能想象，当初那种沟通天地的严肃舞蹈，会变成小孩子们“过家家”般的游戏呢？

《侲童傀儡图》宋代五种傀儡戏

《侲童傀儡图》，苏汉臣绘。单看这个名字，侲童其实就是“童子”的意思，而“傀儡图”，则是民俗画中的一个大类。而“傀儡图”本身，反映了有宋一代一处经典的民俗现象。

傀儡图最重要的部分，自然是“傀儡”。“傀儡”，现代称为“木偶”。傀儡在中国的历史很长，最早大约可追溯到汉代。作为民间文艺表演的傀儡戏，由于很难找到祖师爷，许多民间艺人都称傀儡戏源于西汉陈平：汉高祖刘邦白登之围时，四面围城，单于阏氏单独围一面。谋臣陈平出主意说单于的媳妇阏氏善妒，因此让艺人在城墙上表演美女傀儡戏，傀儡真人大小，左右移动飘飘若仙。阏氏在营中望见，担心单于看到纳为小妾，因此私下退兵，放了刘邦一条生路。这当然是小说家之言，但是这个故事却被艺人们牢牢记住，也让陈平成为东方朔式的开山祖师，永载史册。不过，更令人信服的说法，则源于汉代的傩戏与俑。

傩戏是汉代人民驱邪避恶的仪式，源于周代的“方相氏”。头戴恶鬼面具，其状张狂，舞蹈放肆，是傩戏的基本表演套路。前面《五瑞图》所展示的，就是傩戏的儿童版。这种假面式表演，可能就是后世“肉傀儡”的原型，而“俑”，其实本来就是“傀儡”。

“俑”，先秦就已经出现，“始作俑者，其无后乎”是孔子的经典言论。用“俑”代替“人殉”，就是雕作了像人的“俑”来殉葬，这和傀儡的用处何其相似。只不过，“俑”是用来愉悦过世之人的，而“傀儡”是用来取悦活人的。

傀儡戏始于汉，兴于唐，盛于宋。宋代的傀儡戏已经发展出五大类型：悬丝傀儡、水傀儡、药发傀儡、肉傀儡、杖头傀儡。这幅《侲童傀儡图》中的傀儡戏，就属于杖头傀儡。杖头傀儡在现代仍被表演，且大多数木偶戏的观看对象依旧是小孩子，在各处儿童剧场的演出中，杖头傀儡依旧占据了主要地位。杖头傀儡，或者说杖头木偶，乃是用木雕成人物形象，脸部按照人物角色的不同进行彩绘，眼部和嘴部均可以活动。旁边有两个小曲棍作为支臂，分别从左右两侧支撑傀儡上衣。而其下方演员执操纵棍，使傀儡动起来。傀儡高度约二尺，安装三根操纵棍，负责表演的人手举操纵棍操纵木偶动作，进行表演，因此又被称为“举偶”。杖头傀儡分为大、中、小三个型号：大号的傀儡可达 1.3 米左右，仿佛真人一般；中号的傀儡大约 80 厘米，操作相比大号傀儡灵活，而且在舞台表演中也不至于太小而看不清；小号的则不到 50 厘米。杖头傀儡在全国都有流传，其中以闽台地区最为著名。如今被我们很多人所喜爱的霹雳布袋戏，其中的木偶就是大、中、小型号齐全，在当地的展览中，往往还会展出等身大小的木偶，制作精美，十分好看。

而在前面出现过的《骷髅幻戏图》，则属于悬丝傀儡。悬丝傀儡是傀儡戏中最著名也是最重要的一个分类，也是现代木偶剧中最常见的一种。顾名思义，“悬丝傀儡”是使用丝线悬吊进行操作的傀儡戏。丝线所吊位置，几乎都是在各个关节和需要活动的地方，再将这些丝线集中到一个操纵板上，就好像《骷髅幻戏图》中大骷髅手中所拿的“十字”木板。极其精巧的悬丝傀儡，甚至可以有多达三十根吊线。表演时，演员手执操纵板操弄傀儡，根据剧情需要摆出不同动作。悬丝傀儡尺寸大致固定，大约不到 70 厘米。悬丝傀儡不仅国内有，国际上也有。西方的悬丝木偶大约产生于中世纪的

法国，而西方最著名的悬丝木偶，当属《木偶奇遇记》中的“匹诺曹”了。

水傀儡是一种在特定场所表演的傀儡戏形式。水傀儡的场面比悬丝傀儡和杖头傀儡都要大，甚至可以布景来表演，而水作为最重要的载体，整个场景、人物和表演，通通是在水中进行，甚至连操纵木偶的表演者，都需要站在水里。最早的水傀儡，是因为在船上演出，便于场地需要所创造出来的艺术形式。到了宋代，水傀儡已经摆脱了原先的所谓“水转百戏”的方式，而是有人来操作进行表演。

药发傀儡又称药法傀儡、火戏，是一种基于北宋炸药技术趋于成熟后才兴起的傀儡戏形式。不过相比其他傀儡形式，与其说药发傀儡是傀儡戏的一种，不如说药发傀儡是一个借着傀儡戏皮囊进行的烟火表演。如果用真人来比喻，最像的可能就是每四年一届的奥运会点火仪式了。这种艺术形式，直到现在还被某些地区所使用，以增加节日的热闹气氛。

至于肉傀儡，可能是形式最为神秘的一种傀儡戏表演方式。因为目前所有关于肉傀儡表演形式的说法都是推测，并没有找到直接的证据。而可能最接近肉傀儡形式的推测有两种：一是认为肉傀儡就好像我们现在玩的手偶，是将傀儡直接套在手上进行表演，因为直接使用肉体进行表演，故称之为肉傀儡；另外一种则认为，可能是汉代傩戏的变种，依旧头戴面具，使用身体进行直接表演，故称为肉傀儡。不论哪一种说法，肉傀儡的真面目依旧十分模糊，没办法下一个准确的定义。

宋代傀儡戏是一个大众喜闻乐见的喜剧形式。上到王公贵族，下到黎民百姓，大家都能够接受并喜爱傀儡戏，这为傀儡戏形式内容的发展提供了非常有利的时机。而宋代科学技术的大步飞跃，也让傀儡戏有了新的表演形式。而戏曲艺术本身，也得到了进一步的发展，为元代杂剧、明代南戏等提供了更多的思路和内容。

《妆靓仕女图》宋代女子流行的“细眉淡妆”

“紫鸢，来看看，我这新妆可好看？”

“夫人这妆自是极好的，便是夫人自己，去了这妆，也是极美的。”

“就你这小嘴儿会说。”

“奴婢说的都是真心话，想咱家老爷，一个‘傻傻的憨货’，见着夫人不也是要迷得神魂颠倒。”

“去，别瞎说，咱家老爷虽是憨货，却有自己的一番志向，不比别家，跟个衙内似的，叫人看了生厌！”

“是了是了，咱家老爷自是好的，别人家的嘛，却也是不必看他。”

“哼，知道就好。唉，也不知道官人在淄州怎么样，这兵荒马乱的，书信也难以通达。”

“夫人莫要担心，老爷虽是文人，却从不冒进犯险，想来吉人自有天相。”

“若能如此自是最好，可这荒乱年月，谁也说不好啊！”

“这……夫人再试试这冠梳如何？”

“嗯，这冠梳虽淡雅了些，却是正好，那平日里的花冠，实在也太大了些，顶着便觉头痛。也不知那些夫人小姐是如何忍得了这般繁缛的。”

“哎夫人，那些俗人，自有她们的办法。夫人天仙般的人物，也不用与她们争个高下。”

“哼，谁要与她们争。便是那些男子，也未必怎样。”

“是了是了，咱们老爷那般出尘的人物，才能得了夫人青睐。”

“去，又要讨打了。”

“哎夫人，你看这园中桃花新落，怕是将有风来，莫再坐得晚了，且回房间吧。”

“嗯……也好，且容我把这妆整理一下，便回去了。”

“好的，夫人。我来帮您把冠梳卸下。”

《妆靓仕女图》，苏汉臣绘。这是一幅仕女画，但并没有选择传统的主题来绘制，而是以女子梳妆打扮为题。画面中央，一女子端坐桌前，仔细试着头饰，桌上的镜子，映出女子妆容，颇为精致。镜子旁摆着首饰盒与散放的各种首饰。女子身旁，有一侍女侍立在侧，似乎准备随时服侍女子。而画面左侧，山石枯木，表明此处为一方园林，颇具文人气质。树上虽有两三花开，但大多数或未新发或已凋零，略显萧瑟。但石畔新竹已经生发，注入一丝生机。近处几上摆有盆景，为原本空白的角落进行填补；右侧的影壁将场景隔绝在了一个很小的范围内，壁上的海水纹若隐若现。整幅画虽然看起来宁静，但也能感受到女子内心的孤寂和惆怅。

宋代女子化妆已不同前朝。唐代女子大多浓妆艳抹，从流传下的《仕女图》我们可以发现，唐代女子脸上敷粉浓重，甚至脖子和脸都不是一个色，再搭配大红色腮红、嘴唇，讲究的就是一个“浓烈”。可是这样也有点不方便，那就是卸妆的时候，“归到院中重洗面，金花盆里泼银泥”。不过，这也是唐代自信的一个象征，也许只有自信的人民，才会用最浓烈的方式来展现自己的魅力。

宋代不同，似乎整个朝代的气质都与唐代不同。唐代好浓妆，宋代好淡妆，是所谓清雅。当时被称为“薄妆”“素妆”，特点是“薄施朱色，面透微红”。宋代还有一个“时代限定”妆容“檀晕妆”，

说是把胭脂或者朱红和上白粉调成浅粉带红的颜色，称为“檀粉”，然后再涂上脸去，淡淡晕开，属于红妆的一种。另外还有一种知名妆容“三白妆”，是在额头、下巴和鼻梁三处重点涂白，类似现在化妆“打高光”的意思。不过，“三白妆”在宋以前就已经出现，描写五代后蜀宫娥的《王蜀宫妓图》，图上便有宫娥涂“三白妆”，颇有姿色。至于我们熟悉的词牌“点绛唇”，据说也是一种妆容，特指唇妆的一种：胭脂不涂满嘴唇，而是只在下嘴唇正中点上一点，表示涂装，以少示多，颇有山水画“留白”的美感。

除了面妆，眉毛，也是宋人爱折腾的地方之一。“画眉”不仅是一种鸟，还表示男女之间一种亲密关系。《汉书 · 张敞传》里的“张敞画眉”可以说是家喻户晓的故事了。可见画眉是非常私密且亲密的，因此“眉妆”在古代也十分多彩。

宋代的眉妆以“黛眉”为主，即像现在的女生画眉，直以墨色覆盖。不过后来，名妓莹姐发明轻煤点眉，不须剃掉眉毛，成为“眉毛救星”。她还在前人基础上进行花样翻新，称为“莹姐百眉”，借着《清异录》的记载，莹姐和她的“眉史”也算“青史”留名了。至于“眉黄”“却月”“黄云”“倒晕”等，也都是见诸历史的眉妆。

古人妆饰的精美往往是现代人所想象不到的。在欧美大牌云集的今天，我们的审美逐渐被一种固有的思路所取代。而当我们翻看历史，或许那些曾经出现过的经典，才是更适合我们的方式。

责任编辑：唐念慈
装帧设计：李腾月
责任校对：王君美
责任印制：汪立峰

图书在版编目（CIP）数据

藏在宋画里的两宋史 . 4 / 南宋书房著 . -- 杭州 : 浙江摄影出版社 , 2022.11（2023.2 重印）
ISBN 978-7-5514-4012-7

Ⅰ . ①藏… Ⅱ . ①南… Ⅲ . ①中国历史 – 宋代 – 通俗读物 Ⅳ . ① K244.09

中国版本图书馆 CIP 数据核字 (2022) 第 113985 号

藏在宋画里的两宋史 . 4
CANG ZAI SONGHUA LI DE LIANG SONGSHI . 4

南宋书房　著

全国百佳图书出版单位
浙江摄影出版社出版发行
地址：杭州市体育场路 347 号
邮编：310006
网址：www.photo.zjcb.com
制版：壹品设计工作室
印刷：杭州捷派印务有限公司
开本：889mm × 1194mm　1/32
印张：7.25
2022 年 11 月第 1 版　　2023 年 2 月第 2 次印刷
ISBN 978-7-5514-4012-7
定价：58.00 元